COLEÇÃO LEITURA E FORMAÇÃO

LEITURA NA ESCOLA

LEITURA NA ESCOLA

Organizador: *Ezequiel Theodoro da Silva*

Autores: *Ariane Soares Milagres*
Carlos Eduardo de Oliveira Klebis
Cláudia Lúcia Trevisan
Daniela Cristina de Carvalho
Eliane Pszczol
Mirian Clavico Alves
Norma Sandra de Almeida Ferreira

São Paulo
2008

1ª Edição, Global Editora, São Paulo 2008

Diretor Editorial
JEFFERSON L. ALVES

Gerente de Produção
FLÁVIO SAMUEL

Assistente Editorial
CLAUDIA DENISE SILVA

Revisão
MARILU MARANHO TASSETTO
ANABEL LY MADUAR

Foto de Capa
ROB LEWINE/CORBIS/LATINSTOCK

Projeto de Capa
EDUARDO OKUNO

Editoração Eletrônica
ANTONIO SILVIO LOPES

Dados Internacionais de Catalogação na Publicação (CIP)
(Câmara Brasileira do Livro, SP, Brasil)

Leitura na escola / organizador Ezequiel Theodoro da Silva. – São Paulo : Global : ALB-Associação de Leitura do Brasil, 2008.

Vários autores.
Bibliografia.
ISBN 978-85-260-1291-2

1. Leitura 2. Letramento 3. Literatura 4. Textos I. Silva, Ezequiel Theodoro.

08-06973 CDD–370

Índice para catálogo sistemático:

1. Leitura : Educação escolar 370

GLOBAL EDITORA E DISTRIBUIDORA LTDA.

Rua Pirapitingui, 111 – Liberdade
CEP 01508-020 – São Paulo – SP
Tel.: (11) 3277-7999 – Fax: (11) 3277-8141
e-mail: global@globaleditora.com.br
www.globaleditora.com.br

Nº DE CATÁLOGO: **2978**

LEITURA
NA ESCOLA

Se você é capaz de ler estas linhas,
agradeça a um professor.
Provérbio anônimo

SUMÁRIO

APRESENTAÇÃO

A aprendizagem e o aprimoramento da leitura têm uma relação direta com a qualidade do trabalho escolar. Ainda que a escola não possa garantir a formação integral e definitiva dos leitores, cabe a ela a responsabilidade de inserção formal das crianças no universo da escrita (manuscrita, impressa e virtual) por meio da alfabetização e do letramento. Não é a toa que, no imaginário de muitas famílias, matricular um filho na escola significa, antes de tudo, torná-lo capaz de ler, escrever e contar.

Ademais, o ato de ler também é um pré-requisito para as diversas aprendizagens previstas no currículo escolar. Ou seja: a criança aprende a ler a escrita e, num crescendo ao longo das séries e níveis educacionais, passa a ler para aprender todos os referenciais de conhecimento que são expressos pela escrita, assentados em livros e/ou outros suportes do código escrito. Pode-se até mesmo afirmar que o desempenho escolar de um estudante depende, fundamentalmente, da sua formação como leitor.

Todavia, no contexto brasileiro, no mais das vezes, a escola é livresca, mas sem livros e sem condições concretas para práticas de leitura pelos seus professores. Ainda não foi resolvida a questão de uma infra-estrutura adequada que dê suporte objetivo aos professores nas atividades voltadas ao ensino e ao cultivo da leitura ao longo das séries escolares. Caminha-se pouco e lentamente em leitura no âmbito da educação escolarizada brasileira.

Esta obra nasceu do Fórum Permanente – Desafios do Magistério, organizado pela CORI-Unicamp, Faculdade de Educação – Unicamp (Grupo de Pesquisa – Alfabetização, Leitura e Escrita), Rede Anhanguera de Comunicação e Associação de Leitura do Brasil, e realizado em março de 2007 no Centro de Convenções da Unicamp. A densidade das exposições, a riqueza das discussões e dos debates, o número de interessados inscritos, a repercussão na comunidade etc. levaram os organizadores a sugerir uma publicação para que outros públicos, em outras regiões, pudessem ser beneficiados. Sem dúvida que esse encaminhamento foi mais do que acertado, considerando a possibilidade de partilhar as experiências em favor de uma melhoria da leitura nas escolas e para os professores.

Com exceção de Eliane Pszczol e Norma Sandra de Almeida Ferreira, os demais coautores desta obra são professores que trabalham na esfera da educação fundamental e apresentam, por isso mesmo, um *background* de experiências nascido de práticas concretas e, posteriormente, refletido e tecido para apresentação no fórum. Portanto, em função dessa característica, as ideias aqui expostas têm uma grande possibilidade de serem reproduzidas em outros contextos escolares, a bem do ensino-aprendizagem da leitura.

Coube-me a feliz tarefa de compilar e ordenar os textos da coletânea para que o tecido final agradasse os professores-leitores. O prazer foi imenso. A aprendizagem foi extensa. Isso porque pude constatar mais uma vez que, apesar das desgraças existentes no universo da educação brasileira, ainda existe gente com gana e garra para superar os desafios, proporcionando condições para a formação redonda de leitores por meio da escola.

Ezequiel Theodoro da Silva
Campinas, julho de 2008

O Papel do Proler em uma Política Nacional de Leitura

Eliane Pszczol

O mundo tem o tamanho da linguagem de cada um.[1]
Ludwig Wittgenstein (1889-1951)

Apesar de a escrita remontar à Antiguidade, saber ler passa a ser uma exigência apenas a partir da era moderna, quando surgem os primeiros vínculos entre leitura e necessidade social. Com a modernidade, a prática da leitura se torna pertinente ao mundo do trabalho, à vida pública e ao cotidiano da vida privada, uma vez que todas essas relações passam a ser mediadas por documentos escritos.

Ainda que tantos séculos tenham transcorrido, hoje, apenas um em cada quatro brasileiros entre 15 e 64 anos está apto a ler, enquanto os 75% restantes são analfabetos absolutos ou funcionais, que mal escrevem o próprio nome, têm dificuldade para compreender textos mais complexos que um simples bilhete e não conseguem realizar cálculos um pouco mais elaborados do que uma soma elementar. Essas pessoas até conseguem decodificar palavras ou pequenas frases, mas não interpretam o que está escrito. O analfabetismo fun-

1 (WITTGENSTEIN, 2001, p. 111.)

cional traz para o Brasil uma perda anual de 6 milhões de dólares. Some-se a isso a dificuldade de leitura e compreensão de milhões de crianças em idade escolar (até os 15 anos), conforme apontam diversos estudos internacionais.

Um dos resultados pode ser verificado no baixíssimo índice nacional de leitura (Figura 1): no Brasil são 1,8 livro lido por habitante por ano, contra 2,4 livros na Colômbia, 5,1 nos EUA e 7 na França. O que é uma pena, pois a leitura, além de meio de acesso à informação, promove diálogos, aumenta a capacidade de abstração e de formulação de ideias, propicia fruição estética, aguça a razão, apura a sensibilidade. Voltaremos a esses dados quantitativos um pouco mais a seguir.

Figura 1 – Índice nacional de leitura em alguns países

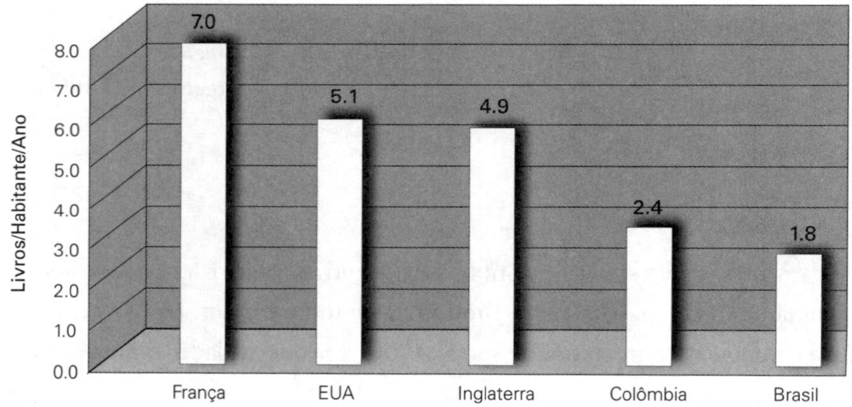

Fonte: Cerlalc (Centro Regional para o Fomento do Livro na América Latina e Caribe), 2003.

No contexto de um mundo globalizado, diante dos desafios advindos dessa nova ordem social, esses dados referentes à educação brasileira causam a todos nós grandes inquietações. Esse quadro torna-se mais sério diante do fato de estarmos vivendo em plena *Era da Informação* – momento histórico em que as tecnologias de informação e comunicação (TICs) afetam de forma cada vez mais impactante o trabalho, o tempo, a educação, as relações sociais como um todo. Os avanços dessas tecnologias têm criado um enorme fosso entre os que têm e os que não têm acesso à informação por meio das redes digitais. Criou-se um novo tipo de exclusão: a exclusão digital.

Cabe ressaltar que esse novo tipo de exclusão social inicia-se não com a incapacidade de acesso às novas tecnologias da informação e comunicação e sim com a incapacidade de ler e de escrever. Hoje mais do que nunca, o analfabetismo – completo ou funcional – incapacita o indivíduo para a participação na sociedade como cidadão.

Essa realidade dramática expõe com clareza um fato: não se pode falar em leitura sem se considerar o aspecto político que gira em torno dela. E não se constrói uma sociedade leitora sem que exista a vontade política de organizar essa sociedade. Pessoas que nem sequer conseguem dominar plenamente as habilidades da leitura e da escrita, com dificuldades de acesso, compreensão e interpretação de informações, muito provavelmente também não terão como fazer valer seus mais elementares direitos. Por isso falar sobre leitura é falar sobre cidadania, sobre tomada de consciência e sobre a qualificação das relações sociais. E também por isso a discussão sobre leitura não pode se restringir ao meio acadêmico, à educação ou ao mercado editorial: trata-se de uma questão política, e é politicamente que se deve discuti-la. Esse é um tema que cabe ao Estado e à sociedade, mas é o Estado que deve garantir e definir uma política nacional de incentivo à leitura.

E o que é uma política de leitura?

Uma política é uma ação constante do Estado. Não é uma campanha, não é um evento nem pode ser apenas uma série de acontecimentos espalhados no tempo. A mera distribuição de livros também não configura, a rigor, uma política pública, nem tampouco se podem considerar políticas de Estado outras iniciativas parecidas, realizadas isoladamente por ministérios, governos estaduais e municipais, empresas públicas e privadas, e demais organizações da sociedade.

Nos últimos anos, temos visto múltiplas ações para criação de condições favoráveis ao desenvolvimento da capacidade leitora das crianças, dos jovens e dos adultos. No entanto, os esforços empreendidos necessitam de continuidade e recursos de toda ordem e, por isso, uma política nacional de leitura é uma ação do Estado, isto é, uma ação mobilizadora e articuladora de experiências governamentais (em todos os níveis: federal, estadual e municipal) e privadas, que estabeleça prioridades, disponibilize recursos orçamentários, linhas de crédito e demais fontes de financiamento, e invista em programas coordenados capazes de multiplicar seus efeitos, a fim de possibilitar os benefícios dessas ações a toda população.

Ou seja: uma política de leitura tem de ser permanente, tem de funcionar apoiada em uma articulação interministerial e institucional. E isto é o que o Proler *tenta* fazer: um programa que, ao promover uma articulação do Estado com a sociedade, assume a leitura como uma questão fundamental e definitiva para a cidadania, para a formação do cidadão-leitor.

Que fique claro que, quando falamos em leitura, não estamos nos limitando à leitura de um texto verbalmente decodificado, como a leitura de livros, jornais ou revistas. Falamos da leitura que vai além da palavra escrita e falamos de várias práticas leitoras: a leitura de sons, de imagens, do entorno, da sociedade que nos circunda, de nossa inserção nessa sociedade, enfim falamos do acesso ao conhecimento e à herança cultural da humanidade. Quem lê a realidade em que está inserido e dela participa ativamente tornase dono de uma voz e, por conseguinte, mais cidadão. Ao estimular a constituição de um cidadão-leitor, o Proler empenha-se para que, como diria Chico Buarque, cada indivíduo não só reconheça a voz do dono, mas seja também o dono de sua voz.

O que é o Proler e como se dá a formação desse cidadão-leitor

1. O que é o Proler

O Programa Nacional de Incentivo à Leitura/Proler da Fundação Biblioteca Nacional/MinC foi instituído em 13 de maio de 1992 por decreto presidencial. Foi o primeiro programa do governo federal voltado para a leitura. Tem a sua sede na Casa da Leitura, situada no bairro das Laranjeiras, Rio de Janeiro. O objetivo central do Proler é assegurar e democratizar o acesso à leitura e ao livro a toda a sociedade, com base na compreensão de que a leitura e a escrita são instrumentos indispensáveis na época contemporânea, para que o indivíduo possa desenvolver plenamente suas capacidades, seja individualmente, seja coletivamente.

As diretrizes norteadoras das ações do Proler são as seguintes:

- reconhecimento da diversidade de ações e de modos de leitura manifestados: nas práticas de leitura promovidas, nas instituições e locais abrangidos, nos gêneros textuais considerados e nas atividades organizadas;
- ênfase nas especificidades do ato de ler, entendendo-se que atos de leitura e suas linguagens exigem modos próprios e competências específicas;
- articulação entre leitura e cultura, compreendendo leitura dentro do contexto social que expressa a riqueza da vida humana e as suas produções;
- canalização das ações, prioritariamente, para a esfera pública, por concentrar o domínio dos espaços que atendem à maioria da população, e para a qualificação dos agentes de leitura, entendendo-os como irradiadores das práticas leitoras;
- publicidade constante para o tema, enfatizando que a leitura precisa estar em foco, ou seja, deve ser uma demanda social; e
- democratização do acesso à leitura por meio da disponibilização de material em bibliotecas escolares e públicas, em salas de aula e em salas de leitura em locais públicos.

O Programa tem como objetivos gerais:

- promover o interesse nacional pela leitura e pela escrita, considerando a sua importância para o fortalecimento da cidadania e da democracia;
- promover políticas públicas que garantam acesso ao livro e à leitura, contribuindo para a institucionalização de uma Política Nacional de Leitura, por meio de legislação específica, que assegure sua aplicação e permanência (por exemplo, o Plano Nacional do Livro e Leitura – PNLL);
- articular ações de incentivo à leitura entre diferentes setores da sociedade, tais como: a escola, a família, universidades, ONGs, empresas públicas e privadas, meios de comunicação etc.

- formar leitores permanentes e autônomos, capazes de participar ativamente do processo de produção e de se apropriar de um certo "capital cultural"; e
- disseminar outras linguagens que, partindo do escrito, ampliem as possibilidades de expressão: é indispensável disponibilizar o acesso dos cidadãos às artes, à matemática, às ciências, à informática, ao cinema, à televisão, à música, à literatura.

As ações do Programa, que visam cumprir as diretrizes e os objetivos, acontecem em duas vias:

- as ações locais ou diretas: são aquelas que ocorrem na Casa da Leitura, sede nacional do Programa, situada no Rio de Janeiro; e
- as ações nacionais: são aquelas que ocorrem por meio dos Comitês – instituições conveniadas com a Fundação Biblioteca Nacional – FBN – instalados em todos os estados brasileiros.

O trabalho realizado na Casa da Leitura é constituído de cursos, palestras, exposições, oficinas, seminários, e tem por objetivo incentivar e promover a leitura. Seu público-alvo são os profissionais comprometidos com a formação de leitores, dando prioridade a professores, bibliotecários e agentes de leitura das redes públicas. Nas duas bibliotecas (infantil e juvenil e adulta) da Casa da Leitura, também são realizadas atividades de leitura com grupos de alunos das redes pública e particular, visando a formação de leitores e usuários de bibliotecas públicas. A Casa da Leitura também disponibiliza, em seu Centro de Referência e Documentação/CRD, livros, teses, artigos, entrevistas, periódicos sobre o tema leitura. Embora ainda incipiente, essa atividade constitui uma ação permanente da Casa da Leitura, que deverá expandir-se e caminhar para um estágio mais eficaz.

As ações nacionais são organizadas e implementadas pelos Comitês do Proler. Uma retrospectiva histórica desses quase 15 anos do Proler mostra que os Comitês contribuíram, efetivamente, para a organização do processo de mobilização da sociedade, em uma trajetória que lhes conferiu o papel de articuladores sociais de políticas mais amplas em favor da leitura. Os Comitês articulam-se **por adesão** e são constituídos, em geral, por parceiros que já desenvolvem trabalhos de promoção da leitura e que se juntam para somar e ampliar esforços em torno de objetivos comuns. Considerando o amplíssimo campo ainda a atingir, a ação dos Comitês precisa ser cada vez mais multiplicada, porque o Brasil ainda se caracteriza pela existência de um grande segmento de população dependente apenas da cultura oral, e não por opção, mas por falta de oportunidades.

Figura 2 – Comitês do Proler em março de 2007

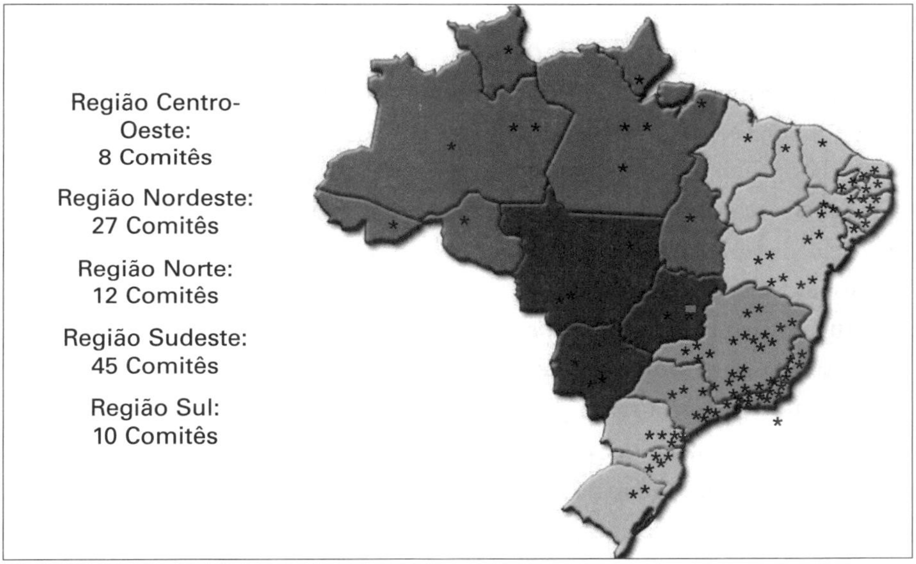

Os Comitês contribuem com suas concepções, serviços, pessoal, recursos, estrutura, determinação e vontade comum, já que a construção do projeto de uma sociedade leitora é responsabilidade de todos. São parceiros nesse processo as Secretarias de Educação e de Cultura, municipais e estaduais, bibliotecas públicas, universidades, centros culturais, ONGs, livrarias, associações de classe etc.

A rede de parcerias que sustenta a relação do Proler com os Comitês é definida por algumas linhas fundamentais que orientam todas as práticas, a saber:

- formação permanente de profissionais que lidam com textos, já que formar leitores e escritores não é tarefa "natural" de quem sabe ler e escrever, por isso são privilegiados nessa formação os professores, bibliotecários e agentes de leitura, como profissionais indispensáveis a essa tarefa;

- estímulo à ampliação e dinamização de acervos – mas a mera distribuição, sem que os livros sejam trabalhados, não conduz a uma leitura prazerosa;
- valorização social da leitura, para que não seja tratada apenas como uma questão que concerne à escola ou ao mercado editorial; e
- constituição de uma rede de informações sobre leitura permanentemente alimentada.

Esse direcionamento em nada interfere na multiplicidade de realidades e práticas existentes, pelo contrário, é uma contribuição para uma política de leitura que aponte as possibilidades de emancipação da população brasileira.

Por princípio, o Proler procura, em suas atuações articuladas pelo Brasil, apreender a realidade de cada lugar, reconhecendo as características e experiências de cada um deles. Um programa nacional de incentivo à leitura não pode jamais adotar modelos prontos, deve estar aberto a ouvir cada uma das vozes, a conhecer cada realidade, a experimentar cada fórmula e a assimilar cada uma das respostas que compõem esse vasto universo ao qual nos reportamos. Acreditamos ser essa a razão principal do sucesso nacional do Proler: suas atividades são articuladas de baixo para cima, sem impor modelos, e baseadas nas especificidades de cada região. Isso faz com que, desde sua criação – e apesar das interrupções que o Programa nacional sofreu – o Proler venha crescendo por dentro e por fora: ele se verticalizou (nos estados) e se horizontalizou (nos municípios). E com isso ganhamos todos nós, brasileiros.

O Proler congrega, atualmente, quase 100 Comitês, que naturalmente guardam diferenças entre si, de acordo com as características de cada município onde atuam. A força que une todos eles encontra-se na garantia de manutenção dessas diversidades. Todos lidam com a dura realidade das dificuldades existentes para o acesso à leitura. Que, aliás, não é uma exclusividade da sociedade brasileira, mas sabê-lo em nada ameniza nossa situação.

2. Como se dá a formação do cidadão-leitor

O trabalho de acesso à leitura e à escrita desenvolvido pelo Proler convive, então, com essa complexa realidade que acabei de mencionar. Cabe ressaltar que o acesso à leitura está na pauta de todas as agendas governamentais dos 21 países ibero-americanos que se ocupam em viabilizar melhores condições de leitura para suas populações. Pesquisas de aferição de índices sociais (IBGE, Inep/MEC, CBL, Inaf) e de avaliação escolar governamental (Saeb, Enem, Pisa), bem como diversos trabalhos científicos divulgados em congressos e publicados, constatam que em todo o território nacional subsiste um grave problema: a precariedade do domínio da escrita e da prática de leitura em grande parcela da população de baixa renda.

Os dados revelados pelo Programa Internacional de Avaliação de Estudantes (PISA), da Organização para a Cooperação e Desenvolvimento Econômico (OCDE), confirmam pesquisa feita pelo Sistema Nacional de Avaliação da Educação Básica: o Brasil foi o último colocado nos resultados do Relatório PISA 2000, que avaliou o "letramento em leitura" obtido por jovens de 15 anos de 32 países industrializados. Observe-se que o conceito "letramento em leitura" no PISA não é a decodificação e a compreensão literal de textos escritos, mas a capacidade de o jovem compreender e usar os textos para alcançar seus objetivos, desenvolvendo conhecimentos e participando ativamente da sociedade. O péssimo desempenho dos estudantes brasileiros em letramento, próximos do final da escolaridade obrigatória, parece revelar que eles não estão preparados para enfrentar os desafios de conhecimentos das complexas sociedades atuais. Estatísticas recentemente divulgadas pelo IBGE para os anos de 2005/2006 mostram que a situação continua a mesma e, em alguns casos, até piorou.

Figura 3 – Indicador Nacional de Alfabetismo Funcional

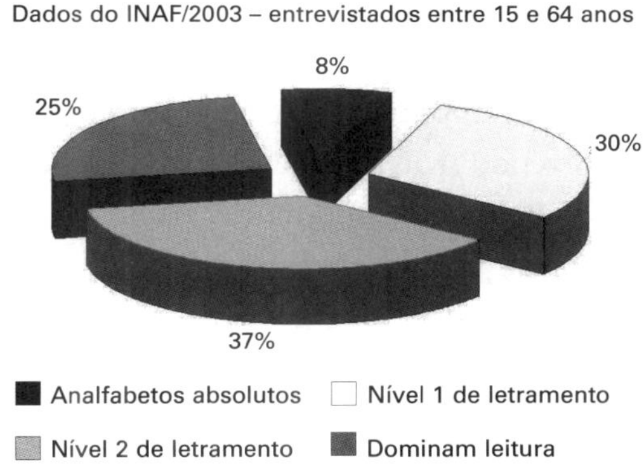

Para fins de comparação, estamos usando dados de 2003, que já foram analisados em diversos documentos. Embora aparentemente defasados, a ressalva anterior de que o quadro geral não se alterou faz com que esses dados sejam adequados para as comparações que nos permitirão visualizar a situação. Segundo dados do Inaf/2003, o nível de habilidade de leitura da população brasileira ainda está muito longe do que se desejaria. Do total de entrevistados, entre 15 e 64 anos, 8% são analfabetos absolutos, 30% encontram-se no nível 1 de letramento (apenas localizam informações simples em uma frase), 37% encontram-se no nível 2 (localizam informações em textos curtos) e apenas 25% dos entrevistados dominam os processos sociais de leitura. Outro dado bastante preocupante é o que relaciona nível de alfabetismo e anos de escolaridade: 2% da amostra com quatro a sete anos de escolaridade – que, em tese, teria cursado, ao menos, as quatro primeiras séries do ensino fundamental – são considerados analfabetos absolutos e 42% encontram-se no nível 1. Se somarmos o percentual de analfabetos absolutos e os que têm apenas o domínio mínimo dos processos de leitura, esse total será de 44%. Ou seja: quase metade dos entrevistados com escolaridade mínima de quatro anos está excluída das práticas sociais de leitura, apesar do tempo que essas pessoas passaram na escola.

Os dados fornecidos pelo Saeb/2003 apontam para uma situação ainda mais crítica: entre os alunos da 8ª série do ensino fundamental, 4,86% encontram-se no estágio muito crítico, 20,08% no estágio crítico e 64,76% estão no estágio intermediário, quando se trata da construção de competências em Língua Portuguesa.

Os prejuízos são de toda ordem e altamente danosos em todos os sentidos. O baixo domínio da leitura não só influi negativamente no desenvolvimento pessoal e profissional das pessoas, como também, e até por isso, contribui decisivamente para aprofundar o gigantesco abismo social em países como o Brasil, promovendo mais exclusão social e menos cidadania. E, em geral, pessoas que sequer conseguem dominar plenamente as habilidades da leitura e da escrita, com dificuldades de acesso às informações e para compreendê-las e interpretá-las, não conseguem se comunicar eficientemente e interagir com outras pessoas e seu meio – e essa é uma condição básica para assegurar a diversidade cultural de um povo. Sem resolver essas questões, decididamente não se constrói uma Nação integrada e inclusiva.

A pesquisa *Retrato da leitura no Brasil* mostra que 8% dos brasileiros contornam sua dificuldade de acesso ao livro sendo usuários de bibliotecas. Outra constatação é que, em geral, as bibliotecas que funcionam razoavelmente bem (são raras as que possuem, por exemplo, computadores conectados à Internet, disponíveis para os usuários) estão nas zonas urbanas de classe média ou nas áreas centrais das cidades. E escasseiam vertiginosamente nas áreas urbanas mais pobres, na periferia das cidades e nas zonas rurais.

Diante desse quadro, como se dá concretamente a formação desse cidadão-leitor, ou como o Proler atua?

O exercício tanto da leitura (entendida como o ato que possibilita o acesso à cultura literária, científica e tecnológica) como da escrita é fundamental para viabilizar as transformações pelas quais o Brasil precisa passar. No entanto, a inserção das pessoas no mundo da leitura e da escrita não é um problema fácil de resolver. A questão da leitura diz respeito a aspectos centrais da cultura de nosso povo, do capital simbólico de que esse povo dispõe para pensar e agir sobre a sua realidade. São pontos centrais da cultura que estão fortemente associados a um leque enorme de determinações sociais e econômicas e sofrem influência de valores e ideologias.

Em primeiro lugar, é importante registrar que a cultura brasileira é a da oralidade: falamos alto, ouvimos o rádio alto, gostamos de estar em grupos onde conversamos alto, cantamos alto etc., enquanto o movimento requerido pela leitura é justamente o oposto: é aquele da introspecção, do silêncio, da individualidade.

Nesse sentido, vale trazer à tona a situação dos professores de zonas rurais, que convivem na encruzilhada de tradições orais e escritas. O papel do Proler deve ser conscientizá-los da necessidade de incorporar as suas experiências com a oralidade e, ao mesmo tempo, fazê-los perceberem-se como leitores. Temos de ampliar suas concepções de leitura e ajudá-los a desenvolver um olhar diferente em relação à linguagem oral e escrita. Como? Incorporando dimensões importantes de suas experiências de vida: a infância, o contato com as primeiras letras, os contatos com os leitores de folhetos de cordel e da Bíblia, as contações de histórias, leituras da literatura de massa, a formação como professores. Estimulando nos professores essas falas, valorizamos um universo cultural carregado de crenças e valores mais próximos da tradição oral, mas que podem e devem ser transmitidos, por exemplo, via literatura de cordel. São sujeitos com histórias de vida diferentes que trazemos para participar de uma mesma experiência de prática de leitura. Para o mesmo texto escrito as formas de dizer dos professores trazem marcas de suas experiências anteriores como leitores de uma cultura que não está inscrita nos meios letrados. E isso é muito rico.

No Brasil, deu-se um fenômeno que atinge toda a população brasileira, mas em especial a esse grande grupo que ainda tem na cultura oral sua referência única. Como apontaram alguns de nossos mais expressivos pensadores no campo das Ciências Humanas, entre eles Nelson Werneck Sodré, o Brasil passou abruptamente de um estágio de oralidade para a cultura do audiovisual, já desde meados do século XX, quando a indústria cultural se fez onipresente entre nós, sem que houvesse efetiva mediação da cultura letrada, à medida que essa nunca chegou a alcançar largas faixas da população, restringindo-se a pequenos e localizados grupos sociais.

Por isso, os Comitês também procuram atuar com as famílias, disponibilizando e favorecendo o acesso fácil aos livros, desde antes da escola. O papel educativo das famílias é basilar e rigorosamente necessário, e dele não podemos abrir mão. Para a construção de uma sociedade leitora, já sabemos há muito tempo, é importante o convívio contínuo com histórias, livros e leitores, de preferência desde a primeira infância.

Mas, em termos de uma atuação mais macro, o quadro sombrio traçado pelas pesquisas coloca como uma das principais tarefas do Proler a instrumentalização dos professores para o desenvolvimento de atividades com obras literárias infantis e juvenis. Mesmo correndo o risco de ser repetitiva, enfatizo que sendo os professores nosso público-alvo, e considerando a falta de critérios, entre eles, na seleção de obras e indicação consequente para leitores de diferentes níveis de escolaridade e de experiência com leitura, nosso trabalho com a comunidade docente é o de implementar práticas de leitura capazes de desenvolver o gosto pelo ato de ler e, simultaneamente, de formar comportamentos efetivos de leitura.

Sabemos dos graves problemas que atingem a educação brasileira. O tema é assunto de todos, profissionais e leigos, já que atinge a toda a sociedade. Se anteriormente mencionei a questão com estatísticas que demonstram a situação do ponto de vista do estudante, vale a pena ressaltar agora que, com frequência, debates e argumentações em prol da suposta solução desses problemas se assentam no inaceitável equívoco de desqualificar os profissionais da educação, responsabilizando-os, única e exclusivamente, pelo fracasso escolar, um problema de grave dimensão social de múltiplas causas. Critica-se o elevado número de faltas dos professores, o corporativismo sindical, a ausência de avaliação de desempenho pautada em indicadores que de fato avaliem o sistema de ensino e o profissional, entre outros. Críticas importantes, consistentes e fundamentadas, sem dúvida. No entanto, não faz o menor sentido que as iniciativas para a solução da crise da educação no Brasil ataquem apenas um lado da questão.

De tempos em tempos, assistimos ao surgimento de propostas milagrosas para elevar a qualidade das escolas públicas e das aprendizagens dos alunos. Da compra de "pacotes educacionais", produção de livros didáticos e manuais para os professores, até os programas televisivos que dispensam a presença de professores, são inúmeras as soluções que empresas, editoras e outras instituições oferecem aos prefeitos e secretários de educação para resolver os problemas da educação. Por trás dessas propostas o que se propõe é minimizar a importância do professor no processo de ensino e de aprendizagem.

As críticas que podemos fazer aos educadores não podem, em hipótese alguma, se transformar na sua condenação como culpados pela crise da escola pública. Se nesse processo existem culpados e vítimas, podemos dizer que, muito mais do que culpados, os professores são principalmente vítimas de:

- uma formação inicial de professores incompatível com a complexidade e as necessidades das escolas públicas e de seus alunos, que coloca jovens supostamente habilitados para o exercício da profissão diante da enorme responsabilidade de zelar pela formação e pela vida escolar de centenas de crianças e adolescentes. Trata-se de um tipo de formação que, muitas vezes, se ocupa em preparar futuros professores para o exercício do discurso pedagógico de vanguarda e não para uma atuação profissional competente a partir da realidade;

• gestores despreparados e, às vezes, sem nenhum compromisso com a qualidade da educação, incapazes de avaliar com seriedade as políticas e programas em desenvolvimento ou as que são necessárias para construir um processo que congregue os educadores e a comunidade em torno de ações que interessem à população;

• uma cultura escolar e profissional que tem como representação simbólica de aluno uma criança branca, de classe média, do meio urbano e católica, tratando, portanto, como "estranhos" a maioria dos alunos que frequentam as nossas escolas e que não correspondem a essa representação; essa imagem discrepante acaba por desvalorizar os conhecimentos sociais e culturais que a maior parte das crianças traz de suas vivências;

• inexistência de políticas de valorização dos profissionais da educação, em contradição com as exigências e responsabilidades depositadas sobre eles, que recebem um dos mais baixos salários pagos entre os países da América do Sul. Segundo o Inep/MEC (2003), o salário médio de um professor do ensino fundamental era, na época, de R$ 462,00 e um professor do ensino médio recebia quase a metade do que ganhava um policial civil e um quarto do que ganhava um delegado de polícia. As diferenças salariais regionais eram brutais: um professor da educação infantil do Sudeste ganhava em média 522 reais e no Nordeste o salário era de apenas 232 reais. Diante dessa situação, grande parte dos professores acaba por assumir dupla ou tripla jornada de trabalho; esse comprometimento forçado pela necessidade acaba por abreviar ainda mais o tempo de que os professores poderiam dispor para se dedicarem com mais efeito ao trabalho pedagógico. Essencial para a qualidade do ensino, esse trabalho deveria envolver o planejamento das aulas a partir das necessidades de aprendizagem dos alunos, estudos de aperfeiçoamento coletivos com outros professores, discussão do projeto pedagógico da escola, entre outras coisas; e

• condições institucionais desfavoráveis para professores e alunos, uma vez que se constata que 45% das escolas não possuem bibliotecas, 80% não têm laboratórios, além do número excessivo de alunos em salas de aula, em alguns casos superando 40 por turma.

Podemos acrescentar muitos outros problemas que acabam por interferir na qualidade da escola pública e que agravam a situação social como um todo, já que em nenhum outro período histórico os grupos sociais depositaram tantas expectativas e responsabilidades em uma única instituição e exigiram tanto da educação escolar como hoje. A Educação, no sentido mais amplo, saiu da esfera da família e passou a ser obrigação da escola. Se isso ocorre, não vemos, pelo menos no Brasil, a sociedade oferecer aos educadores as condições e os recursos necessários para que possam cumprir adequadamente sua função social.

Além disso, por abrigar em seu interior e no seu cotidiano as contradições sociais presentes na sociedade, as escolas e os professores são chamados a dar respostas para os dilemas e problemas sociais que fazem parte da vida de seus alunos, como a gravidez precoce, o consumo de drogas, a violência, enfim, tudo o que marca o processo de exclusão social de grande parte das crianças, adolescentes e jovens que frequentam as salas de aula. E os governantes do nosso país, e, portanto, também a sociedade, têm permitido que se cobre cada vez mais dos educadores e das escolas a responsabilidade isolada por problemas que são estruturais do nosso país.

Mas apesar de tudo o que a elite fez, em mais de cinco séculos, para inviabilizar a escola pública de qualidade para os mais pobres e excluídos, ainda assim, quem quiser vai descobrir em quase todo o país professores que teimam em acreditar e fazer acontecer uma escola que garante uma aprendizagem de qualidade a todos os alunos. São mulheres e homens que demonstram, cotidianamente em suas salas de aula, que a tão sonhada escola pública de qualidade é possível, principalmente se forem oferecidos aos educadores os recursos, o tempo e as condições institucionais que favorecem a construção dessa escola de qualidade para todos. Isso significa dizer que também os educadores devem estar à frente da discussão sobre a política educacional necessária para o país.

Mas essa discussão não deve enfocar apenas a questão salarial, como acontece com frequência: há aqueles que acreditam, inclusive entre os próprios professores, que conquistar uns 10% ou 15% a mais de reajuste salarial ao ano significa oferecer a valorização profissional que merecem. Em uma discussão sobre política educacional, há desafios muito sérios a encarar:

- como ir além das disciplinas básicas do currículo escolar e transmitir valores para a vida;
- como enfrentar a realidade de que a instituição **escola** que existe hoje ainda é a mesma que existiu no século XIX, enquanto avanços tecnológicos trazem para dentro das casas um mundo de informações essenciais e determinantes para nossa formação! No cotidiano de nossa vida, podemos constatar que as novas tecnologias, em particular a Internet, já começam a alterar o comportamento da sociedade, como um dia fizeram o telefone, o rádio e a TV;
- como se adaptar à mudança no papel do professor que essa *Era da Informação* impõe. Pela Internet, a partir de qualquer ponto do planeta, podem-se acessar conhecimentos transmitidos não apenas por palavras, mas também por imagens, sons, fotos, vídeos (hipermídia) etc. Nos últimos anos, a informação deixou de ser uma área ou especialidade para se tornar uma dimensão de tudo, transformando profundamente a forma como a sociedade se organiza. É urgente que a postura do professor reflita essa mudança; e
- como promover a desescolarização da leitura. A leitura deve ser retirada da fronteira escolar onde está atualmente engessada, para que no futuro se dê uma nova re-escolarização, em outro formato. A concepção mecanicista da leitura, aquela que pretende reduzir o ato de ler à mera reprodução do que está no texto, tem sido um dos mais graves obstáculos para o desenvolvimento da leitura e da escrita. A leitura é um ato criativo de construção de ideias e de sentidos, realizado pelos leitores, a partir de um texto criado pelo autor. E não é essa a (in)formação que nossos alunos recebem hoje. Por isso, um dos desafios do Proler é despertar, nas diferentes comunidades escolares envolvidas, a necessidade de elas repensarem a forma como ensinam a leitura, a organização dos espaços destinados à leitura, e até mesmo o desafio de projetarem a construção de novos espaços, numa perspectiva transdisciplinar.

Mesmo com todas as deformações pelas quais passou o sistema público de educação no Brasil, a escola tem significado, dentre as instituições sociais que asseguram direitos, o espaço mais democratizado para a maioria da população. Contraditoriamente, esse acesso não corresponde à garantia do direito de saber ler e escrever fluentemente. Mas é nela, e por meio de sua ação, que a maioria chega próximo ao livro e ao escrito, no processo que se chama "aprender a ler". Aprender a ler exige não somente um deslocamento da ideia restrita da alfabetização para a ideia ampliada da formação do leitor, mas também a garantia de uma continuidade nas práticas formadoras, para dar conta das complexas exigências sociais. E nisto a escola brasileira, como instituição, apesar dos avanços no acesso e por causa de todo o processo exposto anteriormente, não atingiu ainda o objetivo de educação de qualidade para todos, do mesmo modo que ações voltadas para a leitura não se configuram como políticas.

A tarefa de formar leitores, no entanto, não é só da escola, mas de toda a sociedade. Em particular, o entorno cultural deve ser considerado, porque a maioria não tem, nesse entorno, acesso frequente e qualificado ao mundo escrito. Com isso, as bibliotecas (escolares, públicas, comunitárias) assumem a função essencial de possibilitar o acesso, a fixação e as práticas de leitura. As bibliotecas são extremamente importantes para complementar a formação do leitor, mas a escola ainda é, dentro do modelo adotado em nossa sociedade, o *locus* dessa formação. Seria fundamental que esse papel fosse ocupado pelo lar, mas não é assim que funciona.

Então, querer formar cidadãos-leitores implica insistir na necessidade de fazer presente no cotidiano escolar a prática da leitura. "Educação de qualidade só existe com ênfase na leitura, com o desvendamento dos universos inexplorados [...] que só ela permite alcançar. A principal porta de entrada para o hábito libertador da leitura é a escola. A casa-matriz do livro também, pois ali a leitura, a relação do indivíduo com o precioso objeto livro, é socializada" (Alencar, 2006, p. 34). E, se a escola e a biblioteca não cumprem **ainda** seus papéis de garantir a todos o direito de ler, é função do Proler contribuir politicamente para que isso ocorra. Ao se buscar constituir uma sociedade leitora, como forma de progresso social e de democracia, o Proler sabe que a escola e a biblioteca são imprescindíveis e complementares – ainda que não as únicas fontes – para o sucesso desse trabalho. Reivindica, em todos os encontros, treinamentos, palestras de que participa:

- tempo para a leitura individual, para ler sem interrupções, previsto e assegurado no planejamento das atividades das escolas e das bibliotecas públicas;
- espaço físico agradável, confortável, estimulante e atrativo;
- ambiente de segurança psicológica e de tolerância dos educadores em relação ao percurso individual de superação de dificuldades; e
- oportunidades para expressar, registrar, trocar e compartilhar interpretações e emoções vividas nas experiências de leitura.

Mas o Proler não está alheio à realidade que nos cerca: em nosso trabalho levamos em conta, obviamente, o fato de a sociedade brasileira conviver com uma escola básica cujos resultados têm apontado, frequentemente, para a fragilidade da intervenção pedagógica. Nesses 15 anos de atuação em todo o Brasil, o Proler vem testemunhando que, além da precariedade de serviços bibliotecários, a leitura decorrente dos processos de escolarização não se tem convertido em uma possibilidade real de inserção dos sujeitos no mundo da informação. No entanto, temos convicção de que é por meio da leitura que a possibilidade de intervenção na realidade se faz, pela liberdade de ação que a condição de leitor oferece aos sujeitos, e isso nos estimula cada vez mais a impor como prioridade política a formação de leitores e escritores competentes, definindo os objetivos de uma educação de qualidade.

O Proler e o papel da biblioteca

Para começar, é muito importante tentar definir os universos representativos em torno do livro e da biblioteca. Se pensarmos no modelo de biblioteca adotado e incorporado pela sociedade brasileira, veremos que ela foi concebida como local de transformação "civilizadora": idealizada por uma elite brasileira, voltada, por sua vez, a projetos nacionais, em geral europeizantes. Nesse sentido, interessam tanto as justificativas para a criação das bibliotecas quanto as delimitações de códigos de vestimenta e de comportamento dentro dessas instituições, tentando compreender como se estabelecem campos de "respeito" ao recinto e, por conseguinte, aos livros ali contidos. A Biblioteca Nacional é o exemplo ideal, até porque se trata da principal biblioteca do país, motivo de orgulho para uma população um pouco mais consciente. A concepção, organização do acervo e a estruturação do funcionamento cotidiano da BN, da mesma forma que o modelo escolar a que aludi, também traduz o ideal de uma biblioteca europeia, branca, católica, imperial.

Mas se o modelo de implantação foi esse (e continua sendo em muitas instituições), hoje o foco tem de se abrir para dar conta de outros problemas, muito graves, como as condições de nossas bibliotecas: a maioria com acervo defasado e desorganizado, falta de pessoal para dinamizar a leitura e tornar os livros acessíveis. Mesmo nas bibliotecas com acervo de melhor qualidade os livros mal saem das estantes. Por isso, o Proler contribui com a formação de mediadores da leitura, pessoas que levem o livro aos leitores potenciais. E por isso também a Casa da Leitura promove cursos, palestras, seminários e diversas atividades nas quais professores, bibliotecários, pais e quaisquer outros interessados podem discutir questões ligadas à leitura. Estimulamos a imagem da biblioteca não apenas como instituição depositária de livros, como ambiente de leitura, mas também como lugar de aprendizagem e de sociabilidade.

O Sistema Nacional de Bibliotecas Públicas – SNBP da FBN, atento a essa problemática, também envida todos os esforços para tentar minimizar essa situação, por meio da distribuição de *kits* e do treinamento de profissionais ou voluntários que atuam nas bibliotecas do país. O SNBP envia para os municípios contemplados pelo projeto, que propõe a criação de uma biblioteca pública em cada município brasileiro, um *kit* contendo: 2 mil títulos de livros, computador, impressora, TV 29", aparelho de videocassete, aparelho de DVD, mesas e cadeiras para leitores e para trabalho, estantes e o *software* de gerenciamento da biblioteca. Para a modernização das bibliotecas existentes e cadastradas no SNBP, o *kit* consta de 2 mil títulos de livros. O acervo é constituído por: 30% de ficção, 40% de infanto-juvenil e de 30% de não-ficção. Em 2005, foram adquiridos 404 *kits* de instalação de bibliotecas para implantação em 2006 e 31 *kits* para a modernização das já existentes.

Tanto o Proler quanto o SNBP valorizam e estimulam a criação de bibliotecas escolares e públicas, considerando-as local centralizador e difusor de ideias e conhecimentos. E tomam por base do que deve ser uma biblioteca hoje o *kit* multimídia que a FBN distribui e ajuda a organizar.

A preocupação premente com a desvalorização da leitura de livros por causa dos atrativos do mundo virtual, no meu ponto de vista, é infundada. Pelo contrário, percebo esse movimento rumo à tecnologia como uma valorização intensa dos caminhos abertos ao indivíduo pela cultura escrita. E enxergo este como um ótimo momento de confirmação da importância das bibliotecas. Porque é por meio de oportunidades variadas de leitura, afinal, que podemos formar leitores habituados a construir seu saber articulando informações encontradas em livros, *sites*, arquivos e outras fontes. Para ser um "bom navegador" é antes de tudo necessário ser também um "bom leitor", habituado a construir um sentido próprio para o conjunto de informações obtidas e apto a interagir com os muitos modos de leitura que o mundo de hoje oferece. As bibliotecas precisam se modernizar, sem dúvida, para continuar a ser um local de referência para as revoluções que a era da informação proporciona.

Com certeza, podemos afirmar que está em andamento uma Revolução da Informação, como ocorreram no passado a Revolução Comercial e a Revolução Industrial. Como já mencionei anteriormente, nenhum profissional da área de educação pode ignorar essa realidade. Mas essa revolução da informação, para ser democrática, pressupõe:

- o acesso à informação e à produção do saber – instrumentos básicos de trabalho, de desenvolvimento social e de participação; e
- o domínio, pelos cidadãos, de competências capazes de possibilitar práticas de leitura.

Nenhum desses dois quesitos são, de fato, cumpridos. Por isso, como mostrei no início, os avanços dessas tecnologias estão criando um enorme fosso entre os que têm e os que não têm acesso à informação pelas redes digitais. Mas o fosso não é intransponível. O ser humano detém o imenso poder de mudar o mundo – para o bem ou para o mal! Daí a importância não apenas do envolvimento de cada um de nós, mas de nosso **comprometimento** com as causas pelas quais lutamos. É preciso agir para fazer a diferença. E cada um de nós pode fazer a diferença. Cada um de nós pode deixar uma marca única e valiosa para a sua comunidade.

Portanto, a busca pela qualificação que professores, bibliotecários e agentes de leitura em geral devem empreender é fundamental para sua inserção na sociedade da informação e do conhecimento, e para a disseminação desses conhecimentos para o público que atingem. Somente assim é possível que todos exerçam de maneira integral seus direitos, participem efetivamente da vida social, melhorem seu nível educativo (em sentido amplo), conheçam os valores e modos de pensar de outras pessoas e culturas, e principalmente sejam criativos, uma qualidade fundamental para se inserir na contemporaneidade.

E com certeza o Proler pode ajudar nessa tarefa. A participação no Proler está aberta a todas as instituições e pessoas/profissionais cuja finalidade seja a promoção da leitura e da escrita, que desenvolvam projetos locais/regionais e desejam ser incluídos em uma rede nacional. O Proler é o resultado do desejo de partilhar práticas, saberes, conhecimentos, socialmente produzidos e acumulados, e existe para fortalecer aqueles que acreditam na força da leitura e da escrita como uma ação política indispensável para o desenvolvimento social e econômico de toda a sociedade. Agreguem-se a nós e façamos a diferença!

Referências bibliográficas

ALENCAR, Chico. Um povo de leitores. In: AMORIM, Galeno. *Políticas públicas do livro e da leitura.* 1. ed. São Paulo; Brasília: Cultura Acadêmica; OEI, 2006. p. 31-37.

AMORIM, Galeno (org.). *Políticas públicas do livro e leitura.* 1. ed. São Paulo; Brasília: Cultura Acadêmica; OEI, 2006. 64p.

BRITTO, Luís Percival Leme de. *Contra o consenso:* cultura escrita, educação, e participação. Campinas: Mercado de Letras, 2003. 216p.

CARVALHO, Maria Angélica Freire de; MENDONÇA, Rosa Helena de. *Práticas de leitura e escrita.* Brasília: Ministério da Educação, 2006. 180p.

CASA DA LEITURA: *Presença de uma ação: filosofia e perfil da Casa da Leitura, Programa Nacional de Incentivo à Leitura/Proler.* Consultoria por Nilma Gonçalves Lacerda. Rio de Janeiro: Fundação Biblioteca Nacional; Casa da Leitura, 2002. 48p.

CHARTIER, Roger. *A aventura do livro*: do leitor ao navegador – conversações com Jean Lebrun. São Paulo: Unesp, 1998. 159p.

CHARTIER, Roger; PAIRE, Alain. *Práticas da leitura*. São Paulo: Estação Liberdade, 1996. 268p.

FOUCAMBERT, Jean. *A leitura em questão*. Porto Alegre: Artes Médicas, 1994. 157p.

FREIRE, Paulo. *A importância do ato de ler*: em três artigos que se completam. 26. ed. São Paulo: Cortez, 1991. 80p.

GNERRE, Maurizzio. *Linguagem, escrita e poder*. 3. ed. São Paulo: Martins Fontes, 1991. 91p.

LAJOLO, Marisa. *Do mundo da leitura para a leitura do mundo*. São Paulo: Ática, 1996. 112p.

MANGUEL, Alberto. *Uma história da leitura*. São Paulo: Companhia das Letras, 1997. 405p.

OLSON, David R.; TORRANCE, Nancy. *Cultura escrita e oralidade*. São Paulo: Ática, 1995. 286p.

PROGRAMA Nacional de Incentivo à Leitura (Brasil). *Ação programática do Proler, Programa Nacional de Incentivo à Leitura*. Rio de Janeiro: Fundação Biblioteca Nacional, 1995. 31p.

PROGRAMA Nacional de Incentivo à Leitura (Brasil). *Proler*: concepção, diretrizes e ações – 10 anos: 1992-2002. 3. ed. rev. e atual. Rio de Janeiro: Proler, 2002. 20p.

RIBEIRO, Vera Masagão (org.). *Letramento no Brasil*: reflexões a partir do INAF 2001. São Paulo: Ação Educativa; Global Editora, 2003.

SOARES, Maria de Lurdes. *Descobertas e encontros*. Rio de Janeiro: Proler, 1994. 20p.

WITTGENSTEIN, Ludwig. *Investigações filosóficas*. São Paulo: Nova Cultural, 2001. 207p.

ZILBERMAN, Regina (org.). *Leitura em crise na escola*. 7. ed. Porto Alegre: Mercado Aberto, 1982.

Leitura na Escola: problemas e tentativas de solução

Carlos Eduardo de Oliveira Klebis

O escritor britânico Aldous Huxley, em sua obra de ficção mais popular, *Admirável mundo novo*, apresenta-nos uma sociedade utópica estruturada em castas, nas quais a concepção, a criação e a educação de seus cidadãos é gerida e controlada pelo Estado, pelo "Diretor de Incubação e Condicionamento", responsável por condicionar os bebês e as crianças, desde o nascimento, aos comportamentos e às funções cabíveis às suas respectivas castas sociais. No segundo capítulo de *Admirável mundo novo*, as crianças da elite (os "alfas") – destinadas às funções intelectuais, mais elevadas e de maior prestígio social –, quando ainda bebês, eram postas a engatinhar por entre livros de capas coloridas e escrituras ilustradas, dispostos numa sala agradável e repleta de flores. Quando tocavam nos livros ou nas flores, um som agradável e melodioso os envolvia, de forma sutil, tornando o ambiente ainda mais aprazível, criando assim um vínculo afetivo entre os infantes "alfas" e os livros, vínculo este necessário às suas futuras funções de liderança política e intelectual. Já os bebês de uma das castas menos favorecidas (os "deltas"), destinados às funções servis, braçais e de mais árdua lida, eram soltos, nus e desprotegidos, na mesma sala, cheia de livrinhos ilustrados, de capas coloridas e atraentes. Porém, quando os tocavam, um som ruidoso e lancinante feria-lhes os ouvidos; em seguida, um violento choque elétrico os repelia para longe das flores e dos livros, fazendo com que passassem a associá-los a sensações dolorosas e desconfortáveis. Na obra de Huxley, as duas "classes" de crianças da sociedade fictícia imaginada pelo autor tiveram experiências bem diferentes de contato com a leitura, na forma de seu objeto mais usual. Aprenderam, portanto, de maneiras bem distintas, a sentir algo em relação aos livros, de acordo com os interesses subjacentes ao projeto daquela sociedade, segundo o qual o tipo de relação construída na mais tenra infância entre as crianças e os livros determinaria a aceitação das diferentes funções sociais a serem desempenhadas por elas em seus respectivos grupos: "alfas" e "deltas".

Tomando a obra de Huxley como metáfora, e olhando para as práticas escolares em torno da leitura na escola pública brasileira, podemos dizer que algumas dessas práticas operam no mesmo sentido que aquelas agradáveis e envolventes, aplicadas às crianças "alfa", enquanto outras assemelham-se mais às experiências dolorosas e traumáticas oferecidas às crianças "delta" de *Admirável mundo novo.* Sabemos que certas práticas escolares de leitura mais afastam que aproximam os leitores dos livros, e que outras são capazes de proporcionar experiências de aproximação tão fortes que nos surpreendem. Às vezes, olhamos as primeiras como males necessários, e as segundas com desconfiança, mas o fato é que ambas constituem (pela ojeriza ou pelo encantamento) possibilidades de construção das relações entre leitores e livros na escola.

Antes de pensar a leitura e o leitor na escola, a partir do conjunto de práticas – escolares ou não – que a definem, é preciso refletir sobre "como" e "em função de que" se articulam as relações entre a leitura e os leitores no processo de escolarização, orientando nossa reflexão em torno de duas questões centrais:

1. Sob quais circunstâncias se produzem, nos espaços educacionais, as relações entre leitores e livros?

2. Como criar, no âmbito escolar, condições favoráveis à constituição de sujeitos leitores?

Todos os dias, no interior das escolas, a relação entre os estudantes e a leitura, aproximando-os ou afastando-os dos livros, vem sendo construída, seja por meio das práticas e experiências de leitura oferecidas pelos professores e proporcionadas pela escola, na ausência delas, seja ainda pela simples observação das relações que seus professores assumem publicamente, dentro ou fora das salas de aula, com os livros e as leituras.

Se as bibliotecas escolares ficam trancadas deixando seus livros às traças, se a escola manifesta temores em relação à circulação de seus livros entre os alunos, se os professores, pais e demais adultos que convivem com as crianças não se mostram a elas como leitores, de que maneira podemos pretender incutir-lhes a ideia de que a leitura é um "valor" que merece ser cultivado?

Sabemos que os adultos, sejam os pais em casa sejam os professores na escola, são também elementos de influência na constituição das crianças ou dos adolescentes como leitores ou não-leitores. Crianças que convivem com adultos leitores, entre livros e discussões acerca das leituras que os adultos fazem, que são embaladas por histórias ao pé da cama antes de pegar no sono, obviamente crescem em condições mais favoráveis à construção de uma relação positiva e familiar com os livros e leituras para o "envolvimento".

No entanto, as políticas educacionais e o sistema público de ensino, ao elegerem como meta o "desenvolvimento" de leitores hábeis, competentes e críticos, pouco têm se empenhado, pelo menos não ainda de maneira visível, no "envolvimento" dos estudantes com os livros, com a biblioteca, enfim, com a leitura.

Entendemos aqui o "desenvolvimento" como uma relação com o saber que aponta para um afastamento, um distanciamento racional em relação àquilo cujos significados se pretende conhecer, um afastar-se, um tomar distância. De outro modo, entendemos o "envolvimento" como um movimento de aproximação, de contato afetivo com o saber, de uma experiência estética, emocional, sensível, em relação àquilo de cujo sentido pretendemos nos aproximar, sentido somente possível a partir do momento em que vivenciamos uma relação de cumplicidade com os objetos culturais, entre os quais, os livros e textos.

A escola não é apenas um lugar em que se "desenvolve" a aprendizagem intelectual de um conjunto de conteúdos e habilidades. Ela é também um espaço de convívio social e cultural, no qual, pela interação entre sujeitos em torno dos objetos e manifestações culturais, produz-se e partilha-se a construção coletiva de conhecimentos. Na escola, o "envolvimento" entre diferentes sujeitos e diversos aspectos da cultura constitui um elemento de fundamental importância ao "desenvolvimento" humano na perspectiva da formação escolar. Assim, entendemos que "envolvimento" e "desenvolvimento" – apesar de aqui tomados num jogo semântico que os mostra antagônicos –, imbricam-se num processo de cooperação, de modo que o primeiro fomenta e sustenta o segundo.

Tomemos como exemplo disso o caso de uma relação amorosa: o "desenvolvimento" de uma relação amorosa entre dois sujeitos só se faz viável e profícuo à medida que o "envolvimento" entre ambos se fortalece através do convívio e do conhecimento mútuo. Pelos sucessivos gestos de aproximação entre esses dois sujeitos, um começa a conhecer melhor o outro, e vice-versa, criando zonas comuns de partilha de sentimentos, impressões, conhecimentos, experiências, que se entrelaçam na construção da relação entre eles. É, portanto, a partir do "envolvimento" que se torna possível que a relação amorosa entre dois sujeitos cresça e se "desenvolva".

Da mesma forma, podemos pensar a relação entre professor e aluno. Ao aproximar-se do aluno, ouvindo o que ele tem a dizer; penetrando pouco a pouco em seu universo subjetivo; descobrindo seu "lugar" de aluno em seu contexto social, cultural, histórico, o professor abre a possibilidade de que seu aluno, à sua maneira, faça gesto semelhante, descobrindo o professor em seu "lugar" de professor ao percebê-lo "aberto", criando-se assim uma zona de partilha entre ambos. Colocando-se no lugar do aluno e abrindo a possibilidade de que o aluno se coloque no lugar do professor, o convívio entre ambos agora pode se dar para uma progressiva aproximação; isto é, de um "envolvimento" que permita que a relação entre professor e aluno se "desenvolva" num ambiente de troca e interação.

Assim, a respeito da leitura, é necessário também que haja, primeiramente, um processo de "envolvimento" entre os estudantes (aqui tomados como leitores em formação) e os textos, os livros, as coisas a serem lidas, para que, posteriormente, seja possível que uma relação significativa e cada vez mais complexa – e cada vez mais consciente de sua complexidade – se "desenvolva" entre eles.

É pertinente deixarmos clara a oposição retórica que aqui se apresenta entre "desenvolvimento" e "envolvimento" em se tratando da leitura na escola, pois talvez aí resida a gênese de uma hipótese que explique o porquê de, ao final do processo escolar, após cerca de uma década de contato quase diário com autores, obras e textos dos mais sortidos gêneros, trabalhados segundo as abordagens de leitura e literatura eleitas pela escola como as mais eficientes, segundo as competências e habilidades pretendidas, milhares de alunos da escola pública concluam o primeiro ou o segundo grau a declararem seu ódio e sua repulsa pela leitura; ou que justifique o bizarro espetáculo de livros e cadernos rasgados e pisoteados nos corredores e portões das escolas ao cabo de cada ano letivo, ou ainda o trágico fato de chegarem ao ensino fundamental (e passarem por ele) alunos que nem sequer tenham sido alfabetizados durante a educação básica.

A importância da instituição escolar no processo de formação de leitores e na constituição de práticas de letramento mais significativas no interior das escolas, apesar de largamente discutida, além disso permanece distante de encontrar seu verdadeiro lugar, e ainda que a escola não seja a única instância responsável pela dinamização das relações entre os sujeitos e os objetos culturais, seu papel na construção dessas relações é primordial, de modo que não podemos pensar a leitura sem considerar o papel da escola.

Ao observar mais de perto esse desequilíbrio entre o "desenvolvimento" das habilidades e competências de leitura entre os escolares e o "envolvimento" dos alunos com a leitura e com o "mundo" dos livros, fica-nos patente a necessidade de colocar em questão o papel da escola em relação à formação de leitores. Pois se à escola, além de contribuir para o desenvolvimento dos leitores iniciantes que nela estudam, também cabe a função de criar condições para que o aluno se torne um leitor autônomo, que queira conviver com os livros, que queira cultivar a leitura ao longo de sua vida, como pode essa mesma escola formar leitores que não leem ou que "não gostam" de ler?

Na escola, lê-se para fazer um resumo do texto; lê-se para responder a um questionário de verificação ou de interpretação; lê-se para fazer uma prova de livro; lê-se sempre para que algo seja produzido e traduzido na forma de "resultados". Nessa perspectiva, não é à toa que o singelo fato de ler para ou com os alunos, sem exigir a devolução escrita ou oral dos "significados" objetivos da leitura empreendida para avaliar o desempenho dos alunos, ou simplesmente para verificar se a "leitura-de-fato" ocorreu, seja visto com ares de desconfiança pela escola. Uma aula de leitura que não tenha outro propósito senão o de proporcionar um contato com os textos, de aproximar livros e leitores para que aqueles sejam "sentidos" por estes, uma aula em que tão-somente se lê, não é considerada, na opinião de muitos professores, uma "aula-de-fato".

Todavia, como sabemos, não podemos responsabilizar apenas a "aula" pela produção do sentimento de ojeriza em relação à leitura, ou pela dificuldade de acesso por parte de alunos e professores aos livros. Há que se levar em conta a existência de outras instâncias fundamentais à construção das relações entre leitores e leituras na escola; uma dessas instâncias é a biblioteca escolar.

A biblioteca é um dos espaços mais importantes à iniciação de leitores. O investimento sazonal na implantação e na ampliação dos acervos das bibliotecas escolares e projetos governamentais, como o PNLD (Programa Nacional do Livro Didático), o PNBE (Programa Nacional Biblioteca da Escola) e o PNLL (Plano Nacional do Livro e Leitura), parecem atestar uma relativa preocupação governamental para com o acesso ao livro, e são por vezes citados, eleitoreiramente, como indícios de uma nova política para formação de leitores na escola. Na verdade, os investimentos e iniciativas do governo em relação às bibliotecas, em particular no que diz respeito às bibliotecas escolares, ainda deixam muito a desejar. De outro modo, alguns dos problemas de muitas das bibliotecas federais, estaduais e municipais (incluindo as bibliotecas escolares) transcendem a esfera da responsabilidade do Poder Público, pois são oriundos de fatores culturais historicamente enraizados em nossa sociedade.

As bibliotecas, de modo geral, ainda se configuram como espaços pouco convidativos aos leitores iniciantes. Uma das hipóteses que explicam esse desconforto dos novéis leitores em relação às bibliotecas aponta para um caminho que segue justamente pelo viés cultural, uma vez que, tradicionalmente, as bibliotecas são entendidas como lugares onde imperam o silêncio, o asseio e a ordem, o que afugenta, de antemão, os "ruidosos", "xeretas" e "desordeiros" leitores iniciantes. Esses "templos do saber" parecem não ter sido erigidos para o sujeito ordinário; ao contrário, a biblioteca parece forçosamente destinar-se ao "sábio", ao "erudito", ao "pesquisador", ao "escritor", ao "professor universitário", ao "nerd", isto é, a uma minoria que, por uma razão ou por outra, sinta-se à vontade nesse ambiente fantasmagórico de "iniciados".

Quando se trata da biblioteca escolar, além dessa imagem de "templo do saber" e outras imagens das quais somos herdeiros, assoma-se uma questão de ordem material, que consiste no fato de não haver, entre outras necessidades menos urgentes, a presença indispensável de um bibliotecário, ou ao menos de um profissional devidamente preparado para o desempenho dessa função. Essa é uma realidade na maioria das bibliotecas das escolas públicas estaduais – especialmente as situadas nas regiões mais periféricas e carentes –, o que dificulta em muito as funções elementares da biblioteca, dentre as quais, a circulação de seus acervos entre leitores, o apoio à navegação dos consulentes pela biblioteca e a organização de eventos em torno do livro e da leitura. As iniciativas governamentais ainda não se dignaram a dar uma resposta à altura desse problema. Ora, de que vale uma biblioteca que não tem condições de funcionar? O que as escolas, as Diretorias de Ensino, as Secretarias de Educação e os governos têm feito a respeito disso? Pouco! Muito pouco diante do muito que ainda há por fazer em relação às bibliotecas das escolas públicas.

Em virtude do abandono e do descaso por parte das instâncias governamentais, muitas bibliotecas escolares subvertem sua verdadeira função e, em vez de estimular a circulação de livros entre os alunos, inibem-na em nome de uma pretensa preservação de seus acervos, temendo que seus livros se danifiquem, que se consumam, que se percam nas mãos dos estudantes. E então nos deparamos com bibliotecas subutilizadas, com centenas de volumes encaixotados ou largados às traças em poeirentas prateleiras, em espaços mal organizados ou mesmo servindo como depósitos.

Diante dessas distorções relativas ao papel das bibliotecas na construção das relações entre leitores e livros, faz-se digna de análise uma indagação talvez um tanto impertinente: como pode a biblioteca, em vez de aproximar os livros dos leitores iniciantes, afugentá-los em benefício da suposta preservação e conservação do seu acervo? Em outras palavras, como podem as bibliotecas funcionar como "espantalhos" de leitores?

Ainda hoje, as bibliotecas públicas, universitárias e escolares que funcionam num horário regular e que dispõem de um bibliotecário responsável pelo atendimento ao público, guardam muitas características das velhas bibliotecas monásticas da Idade Média, seja pelo entendimento de que as bibliotecas constituam espaços de culto e veneração a um saber visto como "sagrado", seja pela concepção de que elas se destinam mais à preservação que à circulação de seus acervos.

Mesmo que determinadas normas de organização, de possibilidades de consulta e de circulação das obras sejam necessárias, o fato é que, na composição histórica das múltiplas heranças culturais que, entrelaçadas, configuram a imagem que temos hoje dessas instituições, as bibliotecas são, em geral, ambientes demasiado formais, conservadores, opressivos, graves, com vastas e inescrutáveis estantes repletas de volumes enfileirados, cuja organização só é conhecida dos "iniciados" e dos bibliotecários, o que muitas vezes afugenta aqueles que não se consideram "leitores experientes", os quais, desestimulados desde a infância pela pouca receptividade desses espaços inóspitos, passam a enxergar como mais cômoda a possibilidade de viver sem os ter que frequentar.

Ao adentrar um desses "templos do saber", espera-se que saibamos de antemão o que buscamos ali; que não maculemos a ordem e o asseio do ambiente; que não desorganizemos a criteriosa disposição dos livros; que nos comportemos com recato e discrição; que não gargalhemos, nem falemos em voz alta; de preferência, que façamos o mais absoluto silêncio.

Nesses ambientes, não convém passear a esmo por entre as estantes, nem que convidemos amigos para visitá-los conosco, nem que declamemos poemas encontrados por ali, tampouco que conversemos em seu interior acerca de nossas leituras com quem quer que seja.

Em algumas dessas bibliotecas, mesmo o trânsito dos consulentes por entre os livros é vedado, exigindo-se que o visitante se dirija ao balcão de atendimento e diga ao bibliotecário o título e o autor da obra que procura. E, se não souber o que procura, é melhor que dê meia-volta e vá pensar no que deseja ler.

Outras bibliotecas permitem que se transite pelo acervo e até emprestam livros com prazos prefixados de sete, dez, até quinze dias, mediante o preenchimento e a confirmação de um cadastro de usuário. Caso o leitor se demore mais do que o combinado para devolver o que retirou de empréstimo, variados tipos de punição podem lhe ser aplicados, tais como multas em dinheiro, suspensões e cancelamento definitivo do direito ao empréstimo.

Ao entrar numa biblioteca, altera-se automaticamente nossa postura. Como que impelidos a um súbito recalque, um refreamento de nós mesmos, baixamos o tom de voz, diminuímos a intensidade de nossos passos, esforçando-nos por permanecer o mais invisíveis e inaudíveis que pudermos nesse ambiente tão opressor e, por isso mesmo, tão propício ao exercício da fantasmagoria.

O comportamento discreto e taciturno que se espera dos leitores em uma biblioteca, onde devemos caminhar a passos miúdos e manifestarmo-nos por meio de sussurros, é semelhante ao modo como procedemos quando vamos a um velório, ou quando estamos nos corredores de um hospital. Seguramente, não é agradável nem convidativo um ambiente com características dessa natureza, especialmente às crianças, essencialmente emotivas, irrequietas e curiosas, e aos jovens, cujo comportamento, em geral, é pautado pela inquietude, pelo entusiasmo, pelo dinamismo e pela emergência da sociabilidade. De fato, tudo o que o jovem e a criança representam opõe-se ao tipo de comportamento que, nas bibliotecas, se postula como adequado.

A biblioteca tradicional não é ambiente para qualquer um. Pautada pela exclusão, a biblioteca, longe de ser um espaço democrático, parece ainda destinar-se à dita "elite cultural", que, como toda elite, é composta apenas de uns poucos "eleitos".

Que tipo de relação entre leitores e livros é possível ser construída numa biblioteca que não nos permite ser os leitores que somos? Que experiência com a leitura pode nos proporcionar a presença carrancuda de um bibliotecário mal-humorado, que se mostra apenas preocupado em controlar o trânsito dos leitores para preservar os livros de suas mãos curiosas?

Obviamente, há muitos bibliotecários extremamente competentes, cuidadosos, generosos, prestativos, pacientes e até carismáticos. A questão é que, carrancudos ou simpáticos, não é possível manter-se ativa uma biblioteca sem bibliotecário, ou ao menos sem alguém que esteja disponível para exercer essa função, como ocorre em diversas bibliotecas escolares do sistema público de ensino no Brasil. O verdadeiro drama vivido nas bibliotecas escolares de muitas escolas estaduais, em especial as das zonas mais carentes e periféricas, é o sucateamento.

Enquanto os governos insistem em políticas de distribuição de livros, as bibliotecas escolares, de modo geral, continuam com os mesmos impasses, porém, cada vez mais abarrotadas. Se há algo que possamos apontar de positivo acerca das bibliotecas escolares da rede estadual de ensino, sobretudo no estado de São Paulo, hoje em dia, é, sem dúvida, o fato de que, nelas, livros não faltam. Mas se, por um lado, as políticas distributivas conseguiram despejar montanhas de livros nas escolas, por outro, muito pouco ou quase nada se empenharam em oferecer condições para que os leitores pudessem ter acesso aos acervos das bibliotecas escolares.

Impossibilitadas de poderem oferecer atendimento ao público escolar, sobretudo pela falta de um "alguém" encarregado disso, muitas bibliotecas escolares encontram-se trancadas e inacessíveis aos alunos e mesmo aos professores. À falta de bibliotecários treinados para atuarem nas bibliotecas escolares, juntam-se o medo do extravio e do desgaste dos livros, no caso de postos em franca circulação, e a falta de tempo e de disposição para retirar os livros das "caixas" e organizá-los de modo a possibilitar que professores e alunos usufruam, ainda que precariamente, dos acervos que se encontram nesses espaços. O fato é que a função social das bibliotecas escolares e o compromisso com a formação de seus leitores vêm sendo paulatinamente negligenciados pelas sucessivas políticas governamentais que ousam (quando ousam) tocar ainda que tangencialmente na questão das bibliotecas das escolas públicas no Brasil.

Apesar de, a rigor, o termo biblioteca designar uma coleção de livros reunidos num espaço, é preciso mais do que uma montanha de livros para se fazer uma biblioteca de verdade, principalmente quando se trata de uma biblioteca escolar, cuja função maior deveria ser promover ou ao menos permitir a construção das relações entre leitores e livros. Por mais que as bibliotecas escolares estejam cheias de livros, textos, periódicos, mapas e afins, de que elas valem sem leitores? Enquanto as bibliotecas escolares não dispõem de alguém que possa receber os alunos, ajudando-os a navegarem por entre suas estantes, tornando seus acervos acessíveis e circulantes, estimulando o convívio com a cultura e a experimentação das várias possibilidades de leitura; enquanto continuarem trancadas, funcionando como depósitos, subutilizadas, decadentes, servindo apenas às traças, elas serão inúteis, assim como é inútil continuar a entulhá-las de livros sem antes se cuidar de modificar o quadro grotesco em que se encontram diversas das bibliotecas implantadas nas escolas públicas brasileiras.

Injustamente, a culpa pela não-utilização das bibliotecas escolares – assim como por quase todos os problemas da educação brasileira – costuma recair sobre a figura do professor. Aliás, quando, por obstinação dos professores, em meio a toda a precariedade da rede pública de ensino, algo funciona, os êxitos e tudo aquilo que deu certo, invariavelmente, são tomados como méritos da "escola", ou, quando se trata de algo demasiado notório, méritos do Estado. O mesmo sucede em relação à leitura e à formação de leitores nas escolas. Os discursos mais ou menos estabilizados no meio educacional que procuram marcar o professor e o aluno como "não-leitores", apesar de falaciosos e exagerados, têm raízes profundas em nossa sociedade. E seus efeitos danosos implicam a subestimação e a desvalorização de ambos: professores e alunos.

Por sua função mediadora, os professores são figuras determinantes na construção das relações entre os sujeitos e a cultura na escola. No entanto, para que a produção dessas relações se dê no sentido de uma aproximação duradoura entre os estudantes e os objetos culturais (dentre os quais, os livros), é de fundamental importância que as circunstâncias em que se engendram tais relações sejam favoráveis tanto à constituição de professores-leitores, quanto à formação de alunos-leitores. Para tanto, é preciso que se conjuguem múltiplos fatores, intrínsecos e extrínsecos ao trabalho docente, capazes de atender as demandas individuais e coletivas, objetivas e subjetivas, intelectuais e afetivas, materiais e existenciais, profissionais e humanas, sociais e econômicas, pedagógicas e políticas, e tantas outras que afloram na imprevisibilidade e na contingência da construção das relações entre leitores (professores e alunos) e livros no espaço escolar.

Paradoxalmente, a preocupação dos professores quanto ao desenvolvimento do potencial de leitura de seus alunos – à qual, eventualmente, encontram-se associadas certas práticas obrigatórias, punitivas e mesmo proibitivas – tem como contrapartida a possibilidade do afastamento ou do "des-envolvimento" como subproduto indesejado das relações entre leitores e livros nas escolas, proporcionadas por perspectivas de trabalho que se apoiam substantivamente numa visão "escolarizada" de leitura, muitas vezes pautada pelo autoritarismo e pela burocratização.

Contudo, como já falamos, não podemos negar que é também papel da escola, através do trabalho mediador dos professores, investir no "envolvimento" dos sujeitos com os objetos culturais; isto é, no relacionamento entre aquilo que a escola toma para si como objeto do conhecimento e os sujeitos que chegam e passam por ela. Em relação à leitura e à formação de leitores, cabe às escolas, às bibliotecas escolares e, sobretudo, aos professores, o engendramento de condições mínimas para que as relações entre os leitores iniciantes e os livros se deem para uma aproximação, um convívio, de um "envolvimento", que, se não se produz de forma absolutamente espontânea, tampouco se constrói unicamente pela obrigatoriedade.

A leitura é um fenômeno humano e, como tal, é necessário que a assumamos em toda a precariedade de nossa condição humana, e em tudo aquilo que ela encerra de imprevisível, de imensurável, de inefável, de frágil. Talvez assim, enquanto professores, possamos fazer aos alunos um "convite à leitura". Talvez, assumindo nossa própria humanidade, possamos criar condições para que a construção das relações entre leitores e livros se dê para um "gostar de ler". Se a escola vem formando não-leitores, ou leitores que não gostam de ler, é porque, entre outros equívocos, há algo de errado no modelo de leitura assumido por ela e que se reflete nas práticas de leitura oferecidas por seus professores e pelo abandono das bibliotecas escolares. A escola parece ter perdido a sua "cara humana"; parece ter se esquecido de sua dimensão cultural e de seu papel social em relação à leitura.

Se há professores que se afastaram da leitura, bibliotecas escolares que não podem funcionar adequadamente, escolas públicas formando uma expressiva quantidade de alunos não-leitores, políticas educacionais equivocadas e ineficientes, fazem-se necessárias ações urgentes para que resgatemos e regeneremos o compromisso ético das políticas públicas de fomento ao livro e à leitura, a dimensão cultural da escola, a função social da biblioteca escolar, e a "cara humana" da leitura nos espaços escolares.

Referências bibliográficas

BATTLES, Mathew. *A conturbada história das bibliotecas.* Tradução. João Vergílio Gallerani Cuter. São Paulo: Planeta, 2003.

CHARTIER, Roger. *A aventura do livro*: do leitor ao navegador. Tradução. Reginaldo Carmello Corrêa de Moraes. São Paulo: Unesp; Imprensa Oficial do Estado de São Paulo, 1999.

FREIRE, Paulo. *A importância do ato de ler.* 44. ed. São Paulo: Cortez, 2003.

HUXLEY, Aldous. *Admirável mundo novo.* 2. ed. São Paulo: Globo, 2005.

KLEBIS, Carlos Eduardo de Oliveira. *Leitura e envolvimento*: a escola, a biblioteca e o professor na construção das relações entre leitores e livros. (Dissertação de Mestrado). Campinas, Faculdade de Educação da Universidade Estadual de Campinas – FE/Unicamp, 2006.

KRAMER. Sonia. *Alfabetização, leitura e escrita*: formação de professores em curso. São Paulo: Ática, 2002.

LAJOLO, Marisa. *Do mundo da leitura para a leitura do mundo.* 6. ed. São Paulo: Ática, 2002.

________; ZILBERMAN, Regina. *A formação da leitura no Brasil.* 3. ed. São Paulo: Ática, 1999.

LARROSA, Jorge. *Pedagogia profana*: danças, piruetas e mascaradas. Tradução. Alfredo Veiga-Neto. 4. ed. Belo Horizonte: Autêntica, 2001.

________. *Linguagem e educação depois de Babel.* Tradução Cynthia Farina. Belo Horizonte: Autêntica, 2004.

MILANESI, Luiz. *Ordenar para desordenar*: centro de cultura e bibliotecas públicas. São Paulo: Brasiliense, 1986.

SILVA, Ezequiel Theodoro da. *O ato de ler*: fundamentos psicológicos para uma nova pedagogia da leitura. 5. ed. São Paulo: Cortez, 1991.

________. *Leitura na escola e na biblioteca.* 5. ed. Campinas: Papirus, 1995.

SILVA, Lílian Lopes Martin da. *A escolarização do leitor*: a didática da destruição da leitura. Porto Alegre, RS: Mercado Aberto, 1986.

VYGOTSKY, L. S. *Pensamento e linguagem*. Tradução Jéferson Luiz Camargo. 1. ed. São Paulo: Martins Fontes, 1987.

ZILBERMAN, Regina (org.). *Leitura em crise na escola*: as alternativas do professor. Porto Alegre: Mercado Aberto, 1982.

Quem Não Tem Papel Dá o Recado pelo Muro[1]

Norma Sandra de Almeida Ferreira[2]

Os muros na sociedade contemporânea têm formas, funções e finalidades diversas. Cercam condomínios, praças, presídios, escolas. Separam culturas, povos, ideologias. Literalmente, significam *parede forte que circunda um recinto ou separa um lugar de outro. Defesa, proteção.*[3] Em sua concretude, oferecem resistência ao assédio ou à execução de algo, promovem a discriminação de uns em relação a outros, impedem a passagem de um lado a outro.

Os muros erguidos para proteger as escolas, na nossa sociedade marcada pela violência e cercada de insegurança, ganham simbologia porque produzem segregações de outros tipos: dos que estão dentro e dos que estão fora da escola, dos que têm acesso ao conhecimento e dos que estão distantes dele. Circunscrevem e delimitam o local em que se ensina e se legitima um certo saber. Sentar em cima entre um período ou outro de aulas para conversar, namorar, não é mais possível, pois a altura, e, às vezes, os arames farpados, impossibilitam o encontro de escolares.

---

1 O título deste artigo foi extraído da conhecida música *Como vovó já dizia*, de Raul Seixas.

2 Professora e pesquisadora do Grupo de Pesquisa Alfabetização, Leitura e Escrita (ALLE) da Faculdade de Educação da Unicamp.

3 FERREIRA, A. B. *Novo dicionário da língua portuguesa.* Rio de Janeiro: Nova Fronteira, 1975. p. 936.

Muros construídos pela imaginação, que permitem o isolamento do indivíduo em um outro mundo, como o de Pink, o anti-herói.[4] Muros que escondem, mostram flores, árvores de um lado, e do outro, pétalas e folhas caídas no chão da calçada.

Os muros de escola, parecidos entre si, tornam-se suportes de textos, espaços "em branco", prontos para convidar e receber uma escrita. Dos que ficaram de fora ou dos que estão dentro? A linguagem na escola começa antes ou depois desses muros? No próprio muro? Na surdina, na calada da noite...

Neste texto, não colocarei em discussão a legitimidade dessa escrita, o fato de sujeitos estarem pintando, ou como queiram, sujando toda a cidade, de estarem invadindo propriedades particulares e públicas, mudando a visualidade de nossa cidade. Não ajuizarei sobre essa escrita como atos de violência e marginalidade, versão cotidianamente dada pela mídia. Não colocarei em questão a ética ou estética dessa escrita, legalmente considerada crime.

Quero perguntar: Que escritores são os pichadores? Sobre o que escrevem? Para quem, de que modo, por que nos muros de diferentes escolas públicas, por exemplo? O que podemos ler no que escrevem, mesmo sem fazer parte dessa turma?

Lemos um traçado construído por seus escreventes que não é mais o traçado de fôrma nem o da letra cursiva ensinados na escola. Pelo menos, não é o traçado convencionalmente ensinado. Isso é visível. Eles desenham, fazem curvas, arredondam extremidades, dão traços geométricos, formas retas, cortam letras ao meio, emendam letras que não são cursivas, produzem um código. Um traçado que provavelmente lhes dá identificação de pertencimento a um certo grupo, turma, tribo, gangue. Eles ousam no traço, nas formas que parecem rabiscos, palavras cifradas que juntas formam, lembram, fazem referência ao alfabeto gótico-hieroglífico[5]. Criam uma nova linguagem lida, escrita, entendida apenas por aqueles que conhecem o código, excluem todos os outros leitores e escritores; uma vez que, talvez, também sejam excluídos de outras manifestações.

---

4 Pink Floyd. *The Wall.* 1979.

5 Hieróglifo – ideograma figurativo que constitui a notação de certas escritas analíticas como a egípcia; escrita difícil; tudo que é difícil de decifrar. (FERREIRA, 1975, p. 724.)

Norma Sandra de Almeida Ferreira

Mas também mudam a modalidade da língua escrita fazendo uso da simplificação: abreviaturas (*vc; né*?; iniciais de palavras), orientados pelo suporte que exige o escrever rápido para não serem pegos, para serem lidos rapidamente, para ocultarem a autoria e o destinatário, orientados pela modalidade oral. Misturam línguas; o inglês parece ser a possibilidade de expressão dessa geração, para quem não basta só o português. Misturam letras, números, desenhos (*flechas, cigarro, galinha, bombas*), símbolos (*X,* +), pontos de exclamação, interjeições soltas a ocupar um grande espaço no muro.

Norma Sandra de Almeida Ferreira

Sobre o que escrevem, o que deixam registrado por um período provisório? Eles não escrevem mais palavrões, como na minha época de estudante, em que nos muros próximos à escola podia-se ler o monossílabo tônico formado pelas letras: c – u, com acento agudo bem grande, escrito com tijolo ou giz. Também não se trata de uma escrita de protesto, em que as pichações em destaque nos muros são frases políticas a desafiar o silêncio do regime militar da década de 1970, cujo conteúdo estava em sintonia com o mundo, com Paris, com maio de 1968, conforme o editorial "Cidades Pichadas", publicado na *Folha de S.Paulo*, em 1º de junho de 2003.

Norma Sandra de Almeida Ferreira

Nas pichações de hoje, os escreventes falam de futebol, de seu time, da torcida organizada, da menina que é *galinha*, do fumo, da maconha. Protestam? Falam de seus amores, ciúmes, medos, turmas?

Uma escrita que vaza, cruza, ecoa entre instâncias públicas e privadas. Uma escrita que pressupõe, principalmente, interlocutores conhecidos, um sistema compartilhado de valores e referências, um conteúdo diretamente ligado às experiências cotidianas de um determinado grupo (futebol, fumo, mina), marcado pela oralidade. Mas que, por outro lado, está escancaradamente colocada na instância pública, permitindo interação à distância no tempo e no espaço, podendo ser decifrada por leitores não previstos, atender a objetivos não mediatos. Uma escrita, que guardadas as diferenças marcadas por outras condições de produção, remete à cena denominada "A inscrição", no romance de Machado de Assis, em que Bentinho surpreende Capitu e antes que ela raspasse o que havia escrito no muro com um prego, ele lê: *Bentinho e Capitu.*[6]

Os pichadores com sua escrita, produção urbana e contemporânea, nos ensinam a ter diante de nós um texto rápido, uma leitura fragmentada. Desenham nos muros, ou fazem palavras concretas: *nômades*, com os pezinhos que imitam um andar?

Norma Sandra de Almeida Ferreira

É uma escrita sintética, sincrética, mistura de elementos distintos – verbais e icônicos –, entrecruzamento de formas e de linguagens que nos diz muito do seu tempo e de seus escreventes. Em letras maiores, podem ser vistas ou lidas pelos transeuntes a pé ou de carro, com letras menores escrevem seus dizeres. Completam em cores diferentes os dizeres de alguém deixados num outro momento por outro escrevente.

As pichações nos muros são desejos de comunicação de alguém, da necessidade de falar sobre alguma coisa, de alguma forma, para alguém, de

6 ASSIS, M. *Dom Casmurro.* São Paulo: Ática, 1999.

algum lugar, de um certo tempo. Com quem e para quem? Para aqueles que se dispõem e que desejam conhecer sua linguagem, para aqueles que falam a sua linguagem, entendem seu código. Para se autoafirmarem, como exposição de poder, como marca de território, para alcançarem fama dentro de sua tribo, emoção e perigo por um simples rabisco na parede. Usam a escrita pelo desejo de autoafirmação e reconhecimento social.

Na sequência do ato de escrever há outros sentidos. Eles falam sobre o que escrevem, fotografam, filmam, conversam sobre seus feitos, exibem sua produção, tal qual fazemos com os livros que lemos, com os textos que escrevemos. Criam gírias, uma linguagem que os distingue de outros escritores: *préza* (*a* marca que o pichador deixa na parede), *bafinho* (pichador novo, covarde, que pinta em lugares não tão altos, não respeita os colegas).[7]

Podemos dizer que essa escrita, para esses pichadores, carrega as funções e usos da linguagem difundidos pela própria escola, tais como: de comunicação, de expressão de conteúdo, de partilhar sentidos. De instrumento de protesto, de legitimação (pelo avesso) do certo e do errado. Traz a ideia de coletividade, de historicidade, de pertencimento a uma comunidade de leitores e de escritores. Expressa e defende pontos de vista (os deles), constrói visão de mundo, representa a realidade.[8] Todo e qualquer pichador experiencia a cada ato a crença na escrita como poder, em que as palavras são "armas", não são instrumentos neutros, porque desafiam e põem em discussão seu modo de ser. É a crença de que o poder de um grupo está em deter o seu código.

Mas, tal qual a escrita geralmente presente na escola, a pichação não assume uma concepção de linguagem que acolha, que integre, que construa um diálogo entre o sujeito que produz e o outro; que integre, no sujeito que produz, o outro. Tanto na escola, como nas pichações, autores e leitores estão

---

7 GALLACCI, Fábio. Armadilhas, novas gangues espalham medo. In: *Correio Popular*, Campinas, 20/10/2002, Caderno Cidades, p. 4.

8 Os PCN de Língua Portuguesa trazem a seguinte conceituação a respeito da linguagem: *a língua é um sistema de signos históricos e sociais que possibilita ao homem significar o mundo e a realidade. Assim, aprendê-la é aprender não só as palavras, mas também seus significados culturais e, com eles, os modos pelos quais as pessoas do seu meio social entendem e interpretam a realidade e a si mesmas.*

sob suspeita, práticas de leitura e escrita separam, discriminam grupos no seu jeito de escrever, em sua linguagem. De lá os pichadores, com sua linguagem desvio, estranha, desafiadora; de cá, da escola, a linguagem higienizada, bem comportada, regulada, padronizada, codificada, legitimada.

Geraldi,[9] no artigo em que discute a relação entre linguagem, ideologia e cultura, e as diferentes funções da escrita e as formas de sua apropriação social em sociedades letradas, destaca que:

> A escrita, exigindo aprendizagem formal e transmissão social marcada, sofreu um processo de apropriação social por certas camadas da população que nela foram imprimindo seus modos de apreciação do mundo, seus modos de falar, suas palavras – no sentido de logos – de modo que qualquer outra escrita que não se conforme ao discurso proferido pelas camadas que se apropriaram de um artefato coletivamente construído é considerada não escrita, quando na verdade o que se está excluindo são os discursos proferidos e seus sujeitos sociais. (Geraldi, 2000, p. 105).

O que Geraldi pode estar apontando é que certas camadas da sociedade, ao se apropriarem de uma escrita, também deixaram de reconhecer que no cotidiano distante dos bancos escolares "gestam-se" muitas outras linguagens e mil formas de sobreviver na cidade das letras, de se produzir significados para o que sejam ler e escrever, retirando a voz de uma parcela da sociedade.

Esses pichadores mostram-nos pelo avesso, na marginalidade, que as práticas de escrita se modificam ao longo do tempo e em diferentes sociedades, que as pessoas escolhem jeitos para seu dizer, para se comunicar em diferentes suportes (na argila, na tela, madeira, no corpo, no ar), orientadas por inúmeras regras (o que é certo e errado do ponto de vista da língua, da postura do corpo, da estética). Nas relações (ocultas?) sociais concretas, conflitos de diferentes ordens (desigualdade, exclusão, falta de esperança, de perspectiva) determinam usos específicos, multifacetados, complexos da escrita, em diferentes grupos de uma mesma sociedade ou em diferentes sociedades.

---

9 GERALDI, J. W. Culturas orais em sociedades letradas. In: Revista *Educação e Sociedade*. Campinas, ano XXXI, n. 73, dez. 2000, p. 105.

Esses pichadores mostram-nos uma linguagem como artefato criado coletivamente, construído pela sua gangue, também ensinada/aprendida numa transmissão social (não-formal, não-escolar). Revelam, talvez, que uma determinada classe social, ou determinada faixa de idade (são sempre jovens os pichadores pegos pela polícia), imprimiu um modo de apreciação do mundo, um modo de escrever que impôs visualmente e de modo escancarado a outras camadas sociais e a outras gerações.

No entanto, eles produziram uma linguagem pautada na exclusão de outros discursos, de outros sujeitos sociais, quer na modalidade da língua, quer no ousado suporte de texto. Ou ainda, na combinação conteúdo e forma (traçado), horário de escrita, ou mesmo na exigência de algumas habilidades físicas necessárias ao ato (não ficaria melhor *à ação*?).

Nessa perspectiva, produz-se um confronto de linguagens estabelecido não pelos princípios que orientam seus usos, pois tanto para a escola, como para os pichadores, a leitura e a escrita se justificam para que as pessoas compartilhem o que têm a dizer umas para as outras; tanto para a escola como para os pichadores, a verdadeira força da linguagem está no poder, no fascínio que ela exerce nas pessoas que a usam, na busca pela captura de leitores. O confronto de linguagem se estabelece, aqui, pelo fato de seus usuários estarem utilizando-se do espaço público para fins particulares e infringindo códigos civis. O condenável diz respeito a isso. O condenável social e histórico e não no que diz respeito à natureza dialógica da linguagem.

O muro, enquanto instrumento e suporte, para a escola ou para os pichadores, simboliza, na aparente proteção, a discriminação, a desigualdade, o silêncio, o apagamento de autorias.

Leitura na Escola: caminhos para a sua dinamização

Daniela Cristina de Carvalho

Introdução

O que vi, sempre, é que toda ação principia mesmo é por uma palavra pensada. Palavra pegante, dada ou guardada, que vai rompendo rumo.
Guimarães Rosa (1908-1967)

Muito mais do que uma epígrafe para este texto, a citação de Guimarães Rosa será o ponto de partida de nossa conversa sobre o tema "Leitura na escola: caminhos para a sua dinamização". Dialogando com a citação, realizaremos algumas considerações para discutir quais os possíveis caminhos para dinamizar o trabalho com a leitura na escola, ou seja, quais as possibilidades para enfrentar os grandes desafios que se colocam na educação e na sociedade: o que é ser leitor? Como o leitor se constitui? Qual o espaço de leitura na escola? Como a escola colabora ou dificulta a formação do aluno-leitor, do leitor crítico, leitor autônomo e compromissado com seu interlocutor? Por que ser leitor é tão importante em nossa sociedade? O que a leitura pode fazer pela minha condição de homem, de cidadão, de ser social e histórico? Leitura e conhecimento estão relacionados como atividade criadora?

Discutiremos alguns dos princípios que um trabalho com leitura deve ter para tentar responder às questões anteriores e depois apresentaremos, de forma sintetizada, um projeto, denominado Projeto Correspondência, realizado em vinte escolas públicas do estado de São Paulo, da cidade de Campinas, que acreditamos ser uma das possibilidades de dinamizar a leitura em sala de aula.

Afinal, toda palavra pensada principia uma ação.

1. *O que vi, sempre, é que toda ação principia mesmo é por uma palavra pensada*

É interessante observar a ênfase dada por Guimarães Rosa, quando afirma que toda ação é principiada por uma palavra pensada. Ele usa dois advérbios, *sempre* e *mesmo*, para não deixar dúvidas sobre o que diz ter visto em sua vida: a palavra pensada principia a ação.

Mas o que seria essa palavra pensada?

A palavra pensada é aquela palavra-impacto, aquela palavra que faz nossos olhos voltarem-se para ela, que nos faz retornar ao seu sentido, vislumbrando quais segredos e interpretações podem existir escondidos ali.

Se nossos olhos passam rápidos e inconstantes em um texto é porque essas palavras não conseguiram "mexer", não conseguiram impactar, ao menos naquele momento, o leitor em nós e por isso, provavelmente, aquelas palavras "soltas" em nossa mente dificilmente conseguirão tecer sentido forte o bastante para gerar uma ação, e, assim, a leitura pode ser, nesse caso, reduzida ao ato de decifrar os códigos de escrita.

Talvez seja por isso que Rosa usou de convicção para afirmar que é a palavra pensada que traz ação. Entendendo ação como movimento, e palavras como leitura, podemos parafrasear a citação e dizer que toda leitura, quando é pensada, refletida, pode gerar um movimento, ou seja: o movimento é causado pela leitura, pelo ato de ler.

Levando essa discussão para a questão de ler na escola, podemos afirmar que a leitura pode trazer movimento e esse movimento acontece em nossos pensamentos, no diálogo do autor-texto com o leitor-autor que somos. Quando lemos, percorremos caminhos e áreas, nos movimentamos por espaços, assumimos um caminhar acompanhando as palavras do texto, podemos concordar, discordar, discutir, podemos somente senti-las e deixar que penetrem em nós ou podemos rejeitá-las, mas, qualquer que seja nosso posicionamento, estaremos caminhando, movimentando-nos.

Do que fala essa leitura? Em que campo estaremos nos movimentando ao realizá-la? É o campo da política, da história, da ironia, do humor, da ciência? Como poderia o leitor movimentar-se nesse campo? Como o eu-leitor caminharia com o leitor de cada aluno nos espaços dessa leitura? Quais recursos seriam necessários para que um leitor pudesse movimentar-se nesse campo? Como poderíamos caminhar de diferentes formas, explorar diferentes aspectos e depois compartilhar esses movimentos?

Acreditamos que perguntas, como as exemplificadas anteriormente, muito podem colaborar para o trabalho, ou melhor, a vivência com a leitura em sala de aula. O professor, ao sugerir um texto, pode refletir em questões como as apresentadas e, assim, ter mais elementos para acompanhar o aluno durante a leitura, de caminhar junto, de visualizar caminhos, de interagir, de movimentar-se nas possibilidades do texto.

Esses movimentos que a leitura traz não podem ser resumidos às ações realizadas de forma física após lermos um texto, como exercícios, questionários, ilustrações etc. Os movimentos aos quais nos referimos são realizados pelo leitor que existe em cada um de nós, leitor que fomos constituindo em nossa história, em nossas leituras, em nossos diálogos.

O texto, seja na escola seja em qualquer outro lugar, deve ser compreendido como um espaço de movimento, de possibilidades. Cada texto pode ser o portador da palavra pensada que fará o aluno impulsionar-se no caminho da leitura, buscando uma interação com aquelas palavras que o atraem, que causam impacto, que o fazem continuar o percurso. É como Drummond perguntando: "Trouxeste a chave?". Cada texto pode ser a chave que abre o mundo infinito da leitura.

Fazemos todas essas considerações sem limitá-las ao professor de Língua Portuguesa, já que esse movimento causado pela leitura pensada acontece em todas as áreas do conhecimento, da vida, da construção de quem somos.

O professor de Geografia, de Química, de Sociologia, de Física, de Ciências etc., quando oferecer um texto ao aluno deve ter a consciência de que só haverá aprendizado se eles, professor e aluno, primeiro forem envolvidos, refletirem sobre as palavras e, depois, percorrerem os caminhos das possibilidades, das interações.

Como diz Bakhtin:

> O sujeito como tal não pode ser percebido nem estudado como coisa, posto que sendo sujeito não pode, se quiser continuar sê-lo, permanecer sem voz; portanto, seu conhecimento só pode ter um caráter dialógico. [...]
>
> Através da palavra, defino-me em relação ao outro, isto é, em última análise, em relação à coletividade. A palavra é uma espécie de ponte lançada entre mim e os outros. Se ela se apoia sobre mim numa extremidade, na outra apoia-se sobre o meu interlocutor. A palavra é o território comum do locutor e do interlocutor. (Bakhtin, 2004, p. 113)

A palavra é ponte, é caminho e é através dela que eu me defino em relação ao outro, que constituo minha voz. E, sendo sujeitos, não podemos permanecer sem voz. Voz que é construída por movimentos, por interações e diálogos. A palavra pensada principia uma ação; a leitura quando interage, quando dialoga, traz movimento de sujeitos, com voz e identidade.

2. Palavra pegante, dada ou guardada

Para iniciar essa conversa, gostaria de apresentar uma citação de Walter Benjamin (1985):

> Mas, se dar conselhos parece hoje algo de antiquado, é porque as experiências estão deixando de ser comunicáveis. Em consequência, não podemos dar conselhos nem a nós mesmos nem aos outros. Aconselhar é menos responder a uma pergunta que fazer uma sugestão sobre a continuação de uma história que está sendo narrada.
>
> Para obter essa sugestão, é necessário primeiro saber narrar a história (sem contar que um homem só é receptivo a um conselho na

> medida em que verbaliza a sua situação). O conselho tecido na substância viva da existência tem um nome: sabedoria.
>
> A arte de narrar está definhando porque a sabedoria – o lado épico da verdade – está em extinção. (Benjamin, 1985, p. 200)

Essa citação é um exemplo das muitas palavras pegantes que guardo e, nesse texto, apresento-a para compartilhar, além, é claro, de reconhecer que o autor, Walter Benjamin, representa com propriedade o tema deste subcapítulo.

Depois que li *O narrador*, de Walter Benjamin (1985), nunca mais ouvi ou pedi um conselho da mesma forma que antes da leitura dessa obra. Antes, minha preocupação era deter-me nos envolvidos da situação, no problema e em sua gravidade, mas, quando conheci Benjamin, a leitora em mim caminhou por possibilidades que não tinha visualizado de que aconselhar é continuar uma narrativa, é fazer uma sugestão para a história que está sendo exposta, que está sendo compartilhada entre os interlocutores. É claro que Walter Benjamin é muito mais profundo, amplo, suas obras são de incontestável valor, mas, *O narrador*, para mim, é especial, pois faz parte de quem sou, da minha história de leitura.

Todos nós temos essas leituras pegantes que são leituras que realizamos e parecem que se inserem em nossa pele, em nossos sentidos e depois delas não conseguimos ver e sentir o mundo da maneira anterior e de ler sem levar conosco aquela voz que nos envolveu.

Acreditamos ser essa a leitura pegante da citação de Guimarães Rosa; leituras que ficam inseridas em nossas vozes, em nossa constituição de sujeitos. Essas leituras, palavras pegantes, podem ser dadas por outro interlocutor como podem estar guardadas em nós, esperando para serem resgatadas, utilizadas, vivenciadas.

Ler é compartilhar vozes, é dialogar com outras possibilidades; por isso, na escola, o leitor-professor, que tem suas leituras pegantes, pode compartilhar com o leitor-aluno essas histórias de leituras. O professor, ao oferecer ao aluno suas leituras, está revelando como ele foi se constituindo leitor, como foi caminhando com e através do ato de ler, como foi dialogando com outros sujeitos. E, principalmente, dessa forma, o professor estará demonstrando (e relembrando, pois alguns já se esqueceram) que leitura é processo que envolve capacidades de leitura, estratégias, que é caminho e não é nem "dom sobrenatural ou herança genética" nem "toque mágico". Ler (na escola, na rua, no trabalho, na igreja, no supermercado e em qualquer outra situação) é caminho, é ação, movimento que vai alargando fronteiras, expandindo possibilidades.

O professor, quando se assume leitor e re-vivencia sua história, tem um grande instrumento em mãos para superar as dificuldades encontradas em relação à leitura nas escolas hoje em dia, porque mais do que ensinar, ele poderá compartilhar e ver no aluno um sujeito, que também tem voz e identidade e igualmente leituras guardadas.

O aluno não está vazio de leituras, talvez sejam muito diferentes das trazidas pelo professor e, como dissemos na primeira parte desse texto, pode ser que os movimentos que realizaram tenham sido por diferentes caminhos. Mas uma das formas de dinamizar a leitura na escola é dar oportunidade para esses dois sujeitos-leitores dialogarem suas palavras pegantes, dadas ou guardadas, porque como diz Sônia Kramer: "Mas, se o homem se faz fazendo o mundo, e se se faz como homem se fazendo linguagem, esse processo só é possível graças à coletividade, ao nós, ao auditório social presente fora e dentro de cada um". (Kramer, 1998, p. 105)

Linguagem, homem e mundo estão intimamente ligados, entrelaçados, são os fios e os tecelões do que chamamos história, realidade, vida e isso, como diz Kramer, só é possível graças à coletividade, ao auditório social presente fora (palavra dada) e dentro (palavra guardada) de cada um.

3. Que vai rompendo rumo

Essa parte é uma consequência do que já discutimos nas duas anteriores. A palavra que rompe rumo é a leitura que principiou uma ação, que foi compartilhada, dialogada e, portanto, fez de seus interlocutores pessoas diferentes, com olhares e possibilidades maiores do que tinham antes de interagir.

Não acreditamos ser romantismo, no sentido piegas, dizer que a palavra é capaz de romper rumo. Na verdade, esse trecho da citação de Guimarães Rosa é o que mais poder tem para expressar o que é a leitura e como ela pode ser compartilhada na escola.

Lermos "palavra pegante, dada ou guardada, que vai rompendo rumo", nos impulsiona a refletir sobre o que é romper rumo. Seria algo somente emocional? Seria aprender a manusear mais adequadamente um livro? Ou então compreender os diversos gêneros discursivos e suas funções sociais?

O que poderia ser "romper rumo"?

Essa questão traz outra leitura que tenho guardada, um pequeno texto de Eduardo Galeano (1994), no livro *Palavras andantes*:

> Janela sobre a palavra (I)
>
> Os contadores de história, os cantadores de história, só podem contar enquanto a neve cai. A tradição manda que seja assim. Os índios do norte da América têm muito cuidado com essa questão dos contos. Dizem que quando os contos soam, as plantas não se preocupam em crescer e os pássaros esquecem a comida de seus filhotes.

Será que temos, como leitores, a mesma consciência que têm os índios do norte da América em relação ao poder da leitura? É óbvio que sabemos que as plantas não deixarão de crescer quando lermos ou contarmos (cantarmos) uma história, um texto. Mas deveríamos ter claro que essas palavras poderiam fazer crescer ou morrer um pouco da essência da leitura de nossos interlocutores. Que as palavras lidas e/ou proferidas poderiam fazer com que se esquecessem ou lembrassem com mais ardor das delícias e dores de serem quem são, de sermos quem somos.

Exagero? Acreditamos que não, se nos lembrarmos de uma jovem que encontrou nas palavras um refúgio para sua dor e ao mesmo tempo uma esperança de que a guerra que enfrentava não seria em vão. Seu nome? Anne Frank. Ou então, imaginarmos Olga Benário sabendo que sua morte, pelo regime nazista, aconteceria em poucos dias ou horas, decide escrever uma das cartas mais emocionantes de uma mãe e esposa se despedindo de quem amava e, principalmente, de uma mulher que com suas palavras quis perpetuar os ideais pelos quais lutava; poderiam matá-la, mas não calariam sua voz. É quase um impulso, ou um argumento para o que defendemos, registrar aqui um trecho dessa carta:

Queridos

Amanhã vou precisar de toda a minha força e de toda a minha vontade. Por isso, não posso pensar nas coisas que me torturam o coração, que são mais caras que a minha própria vida. E por isso me despeço de vocês agora. É totalmente impossível para mim imaginar, filha querida, que não voltarei a ver-te, que nunca mais voltarei a estreitar-te em meus braços ansiosos. Quisera poder pentear-te, fazer-te as tranças – ah, não, elas foram cortadas. Mas te fica melhor o cabelo solto, um pouco desalinhado. Antes de tudo, vou fazer-te forte. Deves andar de sandálias ou descalça, correr ao ar livre comigo. Sua avó, em princípio, não estará muito bem. Deves respeitá-la e querê-la por toda a tua vida, como teu pai e eu fazemos. Todas as manhãs faremos ginástica... Vês? Já volto a sonhar, como tantas noites, e esqueço que esta é a minha carta de despedida. E agora, quando penso nisto de novo, a ideia de que nunca mais poderei estreitar teu corpinho cálido é para mim como a morte.

Carlos, querido, amado meu: terei que renunciar para sempre a tudo de bom que me destes? Conformar-me-ei, mesmo que não pudesse ter-te muito próximo, que teus olhos mais uma vez me olhassem. E queria ver teu sorriso. Quero-os a ambos, tanto, tanto. E estou tão agradecida à vida, por ela haver-me dado ambos. Mas o que eu gostaria era de poder viver um dia feliz, os três juntos, como milhares de vezes imaginei. Será possível que nunca verei o quanto orgulhoso e feliz te sentes por nossa filha?

Querida Anita, meu querido marido, meu Garoto: choro debaixo das mantas para que ninguém me ouça, pois parece que hoje as forças não conseguem alcançar-me para suportar algo tão terrível. É precisamente por isso que esforço-me para despedir-me de vocês agora, para não ter que fazê-lo nas últimas e difíceis horas. Depois desta noite, quero viver para este futuro tão breve que me resta. De ti aprendi, querido, o quanto significa a força de vontade, especialmente se emana de fontes como as nossas. Lutei pelo justo, pelo bom e pelo melhor do mundo. Prometo-te agora, ao despedir-me, que até o último instante não terão por que se envergonhar de mim. Quero que me entendam bem: preparar-me para a morte não significa que me

> renda, mas sim saber fazer-lhe frente quando ela chegue. Mas, no entanto, podem ainda acontecer tantas coisas... Até o último momento manter-me-ei firme e com vontade de viver. Agora vou dormir para ser mais forte. Beijo-os pela última vez.

Quem sabe ainda, poderíamos encontrar nas músicas de protesto na época da ditadura militar o fascínio e a coragem de dizer sem poder dizer, driblando a censura, o medo, o silêncio? Será que não foi isso que cantaram Gil e Chico Buarque quando escreveram "Pai, afasta de mim esse cálice" e implicitamente também gritavam "Pai, afaste de mim esse cale-se"?

Podemos percorrer muitos outros exemplos, mas deixaremos para outra conversa, porque precisamos compreender o que essa leitura, que rompe rumos, pode dinamizar o trabalho de leitura na escola. Romper rumo é aprender; apreender, ter mais elementos para nos posicionar, para discutir, para nos movimentar em diferentes espaços, e isso representa poder alargar as fronteiras de quem somos, em quem nos constituímos.

Ter essa concepção quando lemos e oferecemos textos para os alunos lerem impede que sejamos "unilaterais" em vivenciarmos a leitura somente como instrumento para algo: lê-se para saber, lê-se para decorar, lê-se para responder. A leitura não se resume em ser instrumento, para algo que se vai aprender depois; ela é o próprio espaço de conhecimento, de aprendizagem. Ler e escrever são atividades criadoras em qualquer área do conhecimento se forem concebidas e vivenciadas como tal.

Se os professores das diferentes disciplinas compartilharem um texto (tecido daquela palavra pegante, palavra-impacto, que faz "pensar") e visualizarem que a leitura desse texto na verdade é um diálogo entre vozes (as vozes do autor, do aluno, do professor, entre outras vozes que possam participar), poderão explorar esse texto como portador e representante de um discurso, em determinado contexto social-histórico-político, como um espaço de pesquisa, como uma possibilidade de olhar e movimentar-se em que o aluno interage, posiciona-se e não se omite enquanto interlocutor.

Não haverá verdades eternas e inquestionáveis, nem respostas absolutas, mas surgirá, com força e grandeza, a linguagem como atividade criadora e, assim, o aprender no seu sentido mais amplo, o conhecer na sua face verdadeira.

Complicado? Não achamos que seja. Vivenciamos esse processo constantemente em nosso dia-a-dia. Por exemplo, quando ouvimos uma desculpa de alguém que por algum motivo se atrasou em um encontro é quase instantâneo o processo de analisar a pessoa que se justifica (a voz portadora no texto), as prováveis causas do atraso (o contexto de produção do texto) e como essa pessoa articula, expõe, argumenta (o próprio texto) e, para aceitar ou não as desculpas, consideramos também nossos objetivos, o "grau" de nossa frustração com o atraso (a interlocução do leitor).

É um exemplo muito simples, mas representa como o processo de leitura-diálogo encontra-se em nossa vida nas diversas interlocuções que realizamos: quando vamos ao supermercado e analisamos promoções, quando assistimos aos diferentes noticiários, quando temos empatia por uma pessoa, marca ou estilo, quando rimos ou não de certas piadas, por quais revistas procuramos para folhear nos consultórios etc.

O problema é quando essa vida (e seu processo) fica fora da escola, quando a interlocução é ignorada e o texto é simplesmente vivenciado como uma sequência verbal. Acreditamos que essa visão reducionista não seja mais maioria na escola e que a discussão sobre leitura e escrita como elaboração do conhecimento, da voz, da identidade seja constante entre os educadores e gestores educacionais. Entretanto é importante pontuar nessa conversa que o "trabalho unilateral" com a leitura não pode mais ocorrer, porque é na escola que a vida e o aprender têm seu espaço maior de construção.

A escola como espaço de construção do conhecimento, sendo mediatizado pela linguagem, constituindo sujeitos. Isso nos remete a Paulo Freire (1994): "Ninguém educa ninguém, como tampouco ninguém se educa a si mesmo: os homens se educam em comunhão, mediatizados pelo mundo". Podemos compreender mundo como linguagem, ainda mais se pensarmos quantas mediações podem ocorrer nos diálogos entre leitores-autores na escola.

Quais vozes estão implícitas (e/ou explícitas) nos textos de História, aliás, quem a contou? Quais os argumentos opostos que envolvem a questão da reforma agrária e onde os encontramos? Quando tal partido defende um projeto político em nome da cidadania e outro partido se opõe ao mesmo projeto também em nome da cidadania, de que cidadania falam? A reação química, mortal, entre Coca-Cola e bala Menthos, que circula na Internet, é verdadeira? Por que apesar de tantas campanhas para um trânsito seguro ainda encontramos propagandas de carros que enfatizam a velocidade como "poder"? Quais estratégias estão envolvidas num problema de matemática? Como compreender matrizes pode me ajudar a compreender o funcionamento de um comércio?

São infinitas as questões que poderíamos fazer ao relacionar a leitura e a escrita como movimentos para o conhecimento, para a construção da liberdade de ter voz, identidade e reconhecer o outro como sujeito, também portador de identidade. Como educadores não podemos nos omitir dessa função criadora-social-histórica da linguagem, do ato de ler e de escrever, de constituir e construir. Paulo Freire também traz essa convicção:

> A existência, porque humana, não pode ser muda, silenciosa, nem tampouco pode nutrir-se de falsas palavras, mas de palavras verdadeiras, com que os homens transformam o mundo. Existir, humanamente, é pronunciar o mundo, é modificá-lo. O mundo pronunciado, por sua vez, se volta problematizado aos sujeitos pronunciantes, a exigir deles novo pronunciar. (Freire, 1983, p. 92)

Pronunciemos, como leitores e autores, palavras verdadeiras; aquelas palavras que rompem rumos, que transformam o mundo.

4. Projeto correspondência: a palavra pensada que principiou uma ação e rompeu rumo

Compartilhar a experiência do Projeto Correspondência é o nosso pronunciamento, para nós mesmos e para o mundo, de que é possível espaços de diálogo serem criados na escola, uma vez que a linguagem é constituída pelo sujeito e também o constitui.

A construção através do diálogo, da voz, do pronunciamento que explicitamos nos subcapítulos anteriores, Bakhtin (2004) denomina de dialógica da linguagem. Podemos compreender esse conceito como o movimento de interação em diferentes tipos de práticas discursivas, diferentes pessoas estabelecendo as mais diversas relações sociais; referindo-se às diferenças dos sujeitos e da linguagem.

As interações não acontecem no vazio; estão alicerçadas em práticas sociais. E em cada situação de uso da linguagem existem características; há uma pragmática para cada uma delas, ou seja, "um conjunto de regras culturais e sociais que regulam esses encontros via linguagem".

A reflexão que trazemos é sobre uma experiência vivenciada com alunos que integravam as salas de recuperação de ciclo II (RCII), no ano de 2003, na cidade de Campinas, região da Diretoria de Ensino Leste. A sala de recuperação de ciclo é um programa da Secretaria Estadual de Educação de São Paulo e destina-se aos alunos que não tiveram aproveitamento satisfatório durante o ciclo II (5ª a 8ª série) e assim permanecem mais um ano na série final do ciclo. A situação de grande parte desses alunos torna-se tensa e agressiva: os alunos dessas salas de RCII são considerados, pela maioria de professores e alunos, indisciplinados, agressivos, desinteressados, "analfabetos" etc.

Além disso, frequentemente passam por uma situação dentro da escola de discriminação e preconceitos (tanto por professores como pelos demais alunos). Os professores de Língua Portuguesa dessas salas participavam de encontros mensais para "orientações técnico-pedagógicas" na Diretoria de Ensino à qual pertenciam. Nessas reuniões, uma parte dos professores trazia suas reclamações, dificuldades como não considerar que o aluno indisciplinado tenha interesse em ler e produzir textos e também que o aluno "de hoje" não tem vontade de aprender e que era impossível ensinar qualquer coisa "ainda mais para esses alunos".

Diante desse contexto, a Assistente Técnico-pedagógica (ATP) de Língua Portuguesa responsável por esses encontros acreditou que seria imprescindível a vivência de uma prática de leitura e escrita que pudesse ser significativa para alunos e professores no processo ensino-aprendizagem, proporcionando estímulos para que não desistissem nos primeiros conflitos e que tivessem a possibilidade de compreender as diferentes funções sociais da escrita e da leitura, utilizando-as conforme o contexto de interlocução, os modos de produção, as intencionalidades, os discursos etc.

Foi planejado, então, o Projeto Correspondência, cujo principal objetivo era proporcionar um contexto real para educando e educador vivenciarem uma nova dimensão na produção e leitura de textos, à medida que produzissem para um leitor com quem iriam interagir e pudessem, dentro da sala de aula, discutir questões importantes e reais para a formação do leitor e escritor, tais como: o que é um texto, como ele é formado, com qual objetivo, qual a relação entre autor-texto-leitor-autor-texto, como essa relação é estabelecida, o que a faz ser eficiente ou não entre outras possibilidades de discussão.

Ao receber a ideia do Projeto Correspondência, o grupo, formado por vinte e três professores de vinte escolas estaduais, iniciou as reclamações e as previsões: "Não será possível. Eles são analfabetos", "Você está louca? Já imaginou a quantidade de problemas que iremos criar? Só escreverão palavrões, ofensas... eu não entro nessa", "Meus alunos não se interessam por nada além da zoação", "Como será? Não temos dinheiro nem para xerox de textos, como trocarão as cartas? É impossível!". Essas são apenas algumas das muitas falas dos professores no momento da apresentação do projeto.

O grande diferencial nesse Projeto era que todos tivessem a clareza de que essa não seria uma ação para trocar cartas apenas, mas um momento de vivenciarem o poder das palavras, o texto como fator de interação, de construção de relações e que por esse motivo não iniciariam com a escrita direta, mas com discussão e pesquisa do que é a palavra e do que ela pode construir. Após um jogo de argumentação, a equipe decidiu, timidamente, pela realização do trabalho.

Os professores e a ATP de Língua Portuguesa iniciaram uma pesquisa sobre o gênero escolhido, as concepções que norteariam as práticas, os objetivos que teriam, a justificativa e a metodologia pelas quais optariam.

Diante desse princípio de escuta e de palavra, de formação no coletivo, os professores foram criando e conquistando espaços de dizeres, de terem voz, de reflexão no que fazer, por que fazer e como fazer tendo um olhar verdadeiro para a realidade dos alunos com os quais trabalhavam. Tentando, gradualmente, separar o que era a repetição de falas "prontas" ("não vai dar certo, porque nada pode dar certo na escola pública") do que era a sua voz como educador, como sujeito no processo de conhecimento e de diálogo pelo qual passava, da linguagem como interlocução social.

Antes da prática de escrita das cartas, os professores optaram por pesquisar diversos gêneros textuais para discutirem, entre eles e com os alunos, o poder e o fascínio das palavras na constituição da interlocução, na sua constituição de sujeito.

Em cada produção escolhida refletiam e elaboravam problematizações a serem realizadas nas salas de aula com o objetivo de educandos e educadores aplicarem, sentirem, utilizarem as estratégias de leitura, de dialogarem, de se pronunciarem. Foram trabalhados diferentes gêneros textuais, pesquisadas inúmeras fontes de discussão sobre a função das linguagens (verbais e não-verbais) e a construção da interlocução.

Quando iniciaram o processo de correspondência que aconteceria de forma voluntária e sem cobranças de notas ou correções textuais, os professores destacaram a grande surpresa que tiveram com a quantidade de "inscrições" recebidas; quase a totalidade dos alunos decidiu pela participação. Participaram dezenove salas de aula de RCII e nove salas regulares de 8ª série, com o total de 478 alunos participantes.

O grupo combinou que a troca de cartas seria semanal (mas em alguns casos acabou tornando-se quinzenal) e realizada por meio do protocolo da Diretoria de Ensino. Realizadas as trocas de inscrições entre as escolas, iniciou-se o processo de produção das cartas.

Os alunos buscavam determinados conhecimentos para produzir as cartas conforme os objetivos que estabeleciam e as necessidades que sentiam. E o professor realizava as intervenções adequadas a essa situação de busca-necessidade-processo-construção.

Durante quatro meses, as correspondências aconteceram, às vezes, num ritmo mais acelerado, outras vezes em ritmo mais lento. Mas os temores iniciais dos educadores não se concretizaram: não houve palavrões nem ofensas e sim o cuidado até com a estética dos envelopes, com a imagem que o outro construiria a partir das palavras utilizadas na carta, no texto como significativo e portador de intenções. O processo de construção do conhecimento e de pronunciamento teve um grande desenvolvimento, estruturado, argumentado, sólido e inserido não no caderno do aluno, mas na sua história de vida.

Os alunos considerados "analfabetos" escreveram cartas, representaram-se, interagiram, foram interlocutores de um processo de construção, lançaram pontes e, enfim, demonstraram que não escreviam porque já tinham assumido a voz que lhes dizia que não sabiam fazer e as situações de escrita não eram significativas para que enfrentassem esse rótulo.

No final dessa etapa do trabalho, alunos e professores perceberam que além do desenvolvimento da leitura e escrita em situações reais de interlocução, cada participante tornou-se e encontrou ouvinte para as suas narrativas. Em cada carta havia a voz de um sujeito compartilhando suas experiências, tendo o espaço e o "outro" para ser ouvinte de sua narração, de sua história, de sua experiência. Acreditamos ser esse um dos grandes diferenciais desse processo.

Finalizamos o compartilhar dessa experiência de leitura e escrita em sua função social entre professores e alunos que saíram da condição de ter rótulos, para *simplesmente serem* através das cartas, de constituírem um grupo assumindo o compromisso e a responsabilidade que isso exige, de pronunciarem sua voz, suas narrativas.

Acreditamos que o Projeto Correspondência pode confirmar o que este capítulo se propõe a discutir: que a voz, o poder e conseguir dizer, é elemento essencial na constituição do sujeito e, na situação apresentada neste texto, isso se refere tanto aos alunos como aos professores.

Até mesmo a violência verbal tão presente nas escolas, que era até um receio dos professores para não participarem do projeto, não se manifestou nas cartas produzidas. Não houve a intenção de agredir porque naquele momento a intenção era fazer-se conhecer por meio das palavras.

A escola, a educação também podem ser lugares de romper rumos, de fazer e vivenciar a ação principiada pela palavra pegante: depende de contextos, de sujeitos, de concepções, de confrontos, de vozes que se intercalam como no poema "Tecendo a manhã", de João Cabral de Melo Neto.

Acreditamos que o fundamental nesse Projeto Correspondência não foi unicamente a "escrita" de cartas, mas ter quem as lesse, ter um interlocutor real de textos, ter um ouvinte verdadeiro de sua voz, como traz o depoimento de uma aluna, da EE Prof. Alberto Medaljon, participante do projeto:

> O Projeto Correspondência foi uma das atividades de que mais a nossa classe gostou. Nunca vi a turma tão animada! No início achávamos que não daria certo porque não tínhamos muito o que escrever. Mas depois os assuntos foram aparecendo, as respostas vieram, uma

> nova correspondência e de novo a expectativa da resposta, com isso uma amizade surgiu entre nós.
>
> Ah! Como era bom saber que chegaria uma carta a qualquer momento para ser lida. Aprendemos a escrever melhor, pois sabíamos que alguém leria o que escrevemos.
>
> Foi muito importante para todos nós da EE Alberto Medaljon. Esperamos com muita vontade, mas muita vontade mesmo, que tenham outros tão bons quanto esse.

Também gostaríamos de compartilhar uma outra voz, como tanto temos falado das várias vozes que dialogam, sobre o Projeto Correspondência. É o depoimento, dado em 2006, por uma professora participante do projeto em 2003:

> Minha primeira expectativa foi conseguir adeptos, pois eram muito "descompromissados" e dificilmente realizavam as atividades dadas, possuíam um péssimo rendimento escolar e uma baixa autoestima (se viam como os piores da escola, os mais "burros").
>
> A primeira expectativa foi superada com louvor, pois a maioria quis participar do projeto. Os que ficaram de fora, logo quiseram entrar.
>
> [...] Adorava entrar e ver o empenho daqueles alunos, que antes relutavam para abrir seus cadernos e escrever, depois do projeto, faziam sem reclamação. Até hoje, encontro alguns alunos dessa turma, que relembram o projeto e dizem adorar escrever cartas.
>
> O Projeto Correspondência só trouxe benefícios à minha turma, pois achei um caminho motivador para minhas aulas. Auxiliou no despertar dos meus alunos para a escrita, o aumento da autoestima e o comprometimento que deveriam manter até o término do projeto.
>
> Para mim, o grande diferencial desse projeto foi a descoberta de um caminho para motivar estes alunos tão difíceis, que não se rendiam a fazer nenhuma das atividades propostas, praticarem com êxito esse projeto.
>
> O fato de saírem do "universo" da escola para conhecerem outra pessoa, através da escrita e depois pessoalmente, criou uma expectativa e empolgação nos alunos que nunca havia ocorrido antes nas minhas aulas. Faziam tudo com má vontade e por obrigação. Já com o projeto não, adoravam fazê-lo.

> Pude notar claramente o avanço que tiveram com a leitura e a escrita após o projeto. Estavam empenhados em acertar a escrita, ser mais caprichosos e se dedicarem mais à leitura, já que eu e eles sabíamos que eram capazes, bastava se empenharem.
>
> Pelo menos, terminei meu trabalho com eles ciente de que o esquema de uma carta jamais será esquecido de suas mentes.

Compartilhar o depoimento dessa professora é vivenciar o que estamos conversando desde a introdução de que a leitura e a escrita, quando concebidas como linguagem, como discurso, como voz de sujeitos podem romper rumos e proporcionar espaços de aprendizagem, de transformação e posicionamento, de possibilidades. Ler e escrever como diálogo, como interlocução, é ter voz e reconhecer a voz do outro com quem se interage, é assumir-se sujeito (social-histórico).

Não podemos terminar este texto sem compartilhar uma última palavra pegante, ao menos para esta conversa, que deve ser palavra pensada para principiar uma ação pronunciamento, de dizer-se e não deixarmos, nunca, que silenciem nossa voz. É um trecho do poema de Eduardo Alves da Costa (2007):

> Na primeira noite eles se aproximam
> e roubam uma flor
> do nosso jardim.
> E não dizemos nada.
> Na segunda noite, já não se escondem:
> pisam as flores,
> matam nosso cão,
> e não dizemos nada.
> Até que um dia,
> o mais frágil deles
> entra sozinho em nossa casa,
> rouba-nos a luz, e,
> conhecendo nosso medo,
> arranca-nos a voz da garganta.
> E porque não dissemos nada,
> já não podemos dizer nada.

A voz constituindo o sujeito e sendo constituída por ele. A voz, na construção da identidade. A voz na construção do processo de ensino-aprendizagem. Não a voz silenciosa, muda. Não a voz que se cala quando invadem o nosso jardim. Não a voz que é arrancada. Mas a voz que se torna eterna porque se insere na voz do outro e retorna problematizada, exigindo um novo dizer do sujeito, que não se deixa transformar em coisa.

Referências bibliográficas

ANDRADE, Carlos Drummond de. *Reunião – 10 livros de poesia.* Rio de Janeiro: José Olympio, 1969.

BAKHTIN, Mikhail. *Marxismo e filosofia da linguagem.* 11. ed. São Paulo: Hucitec, 2004.

BENÁRIO, Olga. *Carta de despedida.* <http://www.dhnet.org.br/desejos/sonhos/despedida_olgabenario.htm>. Acesso em: 13 abr. 2007.

BENJAMIN, Walter. *Obras escolhidas.* v. 1. São Paulo: Brasiliense, 1985.

COSTA, Eduardo Alves da Costa. *No caminho com Maiakóvski.* <http://br.geocities.com/edterranova/maiapoesias.htm>. Acesso em: 15 abr. 2007.

FREIRE, Paulo. *A importância do ato de ler em três artigos que se completam.* 29. ed. São Paulo: Cortez, 1994. (Coleção Questões da Nossa Época). v. 13.

———. *Pedagogia do oprimido.* 12. ed. Rio de Janeiro: Paz e Terra, 1983.

GALEANO, Eduardo. *As palavras andantes.* 2. ed. Porto Alegre: L&PM, 1994.

GERALDI, João W. *Portos de passagem.* 2. ed. São Paulo: Martins Fontes, 1993.

GIL, Gilberto; BUARQUE, Chico. *Cálice.* Disponível em: <chicobuarque.uol.com.br/letras/calice-73.htm>. Acesso em: 15 abr. 2007.

GNERRE, Maurizzio. *Linguagem, escrita e poder.* 2. ed. São Paulo: Martins Fontes, 1987.

KOCH, Ingedore Grunfeld Villaça. *A inter-ação pela linguagem.* 8. ed. São Paulo: Contexto, 2003.

KRAMER, Sonia. *Por entre as pedras: arma e sonho na escola.* 3. ed. São Paulo: Ática, 1998.

MANGUEL, Alberto. *Uma história da leitura.* 2. ed. São Paulo: Companhia das Letras, 1997.

MONTERO, Rosa. *Sobre leitura.* V Congresso Internacional de Educação. São Paulo, 2006.

ORLANDI, Eni P. *Discurso e leitura.* 6. ed. São Paulo: Cortez, 2001.

ROSA, J. Guimarães. *Grande sertão*: veredas. 2. ed. Rio de Janeiro: J. Olympio, 1958.

SILVA, Ezequiel Theodoro da. *Elementos de pedagogia da leitura.* 1. ed. São Paulo: Martins Fontes, 1988.

SILVA, Ezequiel Theodoro da. *Conferências sobre leitura.* 1. ed. Campinas: Autores Associados, 2003.

VYGOTSKY, L. S.; LURIA, Alexander R.; LEONTIER, Alex. *Linguagem, desenvolvimento e aprendizagem.* 2. ed. São Paulo: Ícone, 1988.

A Leitura no Instituto Dom Nery: um relato de experiência

Ariane Soares Milagres

> [...] *a experiência da leitura é a nossa aventura, a história romanesca em que penetramos pelo simples ato de abrir um livro. Algo do encanto da descoberta infantil permanece sempre nessa experiência.*
>
> Davi Arrigucci Junior

O Instituto Dom Nery[1] passou por um momento de inquietação e reflexão a partir de alguns indicadores primários de educação. Tais indicadores revelaram que, infelizmente, ainda cerca de 12% de brasileiros com mais de 15 anos são analfabetos e 14,6 milhões de pessoas são consideradas incapazes de realizar tarefas simples que envolvem a decodificação de palavras ou frases escritas.

---

1 Entidade filantrópica de caráter beneficente, educativo, cultural e de assistência e promoção social sem fins lucrativos. Atende hoje 105 crianças, garantindo seus direitos à: educação, saúde, alimentação, cultura, higiene, brincadeiras, expressão de sentimentos, construção de valores, proteção, afeto, amizade, complementando e auxiliando o trabalho familiar.

Proposto a buscar parcerias para inverter esse quadro em relação à questão da leitura, o instituto, em cooperação com seus profissionais, começou a trilhar caminhos até então desconhecidos, para proporcionar à sua comunidade escolar o acesso à leitura, acreditando que ela é a porta de acesso à informação e ao conhecimento.

Trajetória e grandes parceiros

A primeira parceria aconteceu em 2000 com a escola Comunitária de Campinas, por meio da implantação da Biblioteca Dom Nery. Essa parceria perdurou até o processo de implantação e organização do espaço, pois passado algum tempo, e depois de muita reflexão e ajustes, percebeu-se que não garantia por si só a dinamização da leitura na entidade conforme os objetivos traçados inicialmente.

Por meio de nossa busca incessante, o caminho continuou a ser trilhado e mais um importante encontro aconteceu. Em 2005, tive a oportunidade de participar do curso "A importância do uso do texto jornalístico e sua prática em sala de aula", oferecido pelo Correio Escola, um dos projetos educacionais mantidos pelo jornal *Correio Popular* de Campinas/SP. Confesso que no início tinha muitas expectativas e "pouco" conhecimento sobre o assunto jornal em sala de aula. Além da minha expectativa e do desejo de aprender mais e mais, uma pergunta foi por mim perseguida durante os encontros: Como será possível trabalhar o jornal com crianças de 4 a 10 anos?

Com o passar do tempo, a presença diária do jornal em sala de aula e o contato com essa nova experiência possibilitaram-me olhares diferentes e significativos. Vislumbrei nessa caminhada a oportunidade de trabalhar com todas as áreas de conhecimentos de forma interdisciplinar. Percebi a importância do jornal como veículo de informação e comunicação além do viés crítico, lúdico, consciente e reflexivo que esse trabalho proporcionava a mim e aos meus alunos.

Felizmente, no decorrer do curso e durante o trabalho em sala de aula, a pergunta que tanto me perseguia aos poucos foi sendo respondida e inevitavelmente outras foram surgindo.

No entanto, compartilho com Pavani (2002, p. 25), quando diz: "a imprensa escrita, diária e local, oferece diversas possibilidades à criança e ao adolescente de exercitarem variadas formas de aprendizagem tendo por base temas da atualidade que constituem matérias e reportagens de jornais".

Foi assim que o trabalho com o jornal após alguns meses já fazia parte da nossa rotina. Trabalhávamos semanalmente, sempre com os assuntos que mais interessavam ao grupo. As palavras mais utilizadas em nossas atividades eram: manchetes, crônicas, reportagens e propaganda.

O trabalho com o jornal foi tomando uma dimensão tão significativa que surgiu a proposta feita pelos próprios alunos de criarem o "Jornal Dom Nery".

Foi um momento de satisfação e realização pessoal, pois percebi que havia atingido parte dos objetivos traçados inicialmente para o trabalho.

> Produzir um jornal é extremamente importante para os alunos. Trata-se de um momento de participação em uma atividade dinâmica, atraente, na qual eles terão oportunidade de emitir opiniões, pontos de vista, ideias e buscar possíveis soluções. (Pavani, 2002, p. 40)

O processo de produção do *Jornal Dom Nery* foi muito interessante, pois era possível observar e perceber o esforço em conjunto das crianças na busca de informações, nas decisões e escolhas sobre os fatos que se tornariam notícias, além do confronto de ideias, cooperação entre todos e conquista diária da autonomia.

A produção do jornal permitiu, e ainda vem permitindo, a participação ativa das crianças como pesquisadoras, autoras, jornalistas, desenhistas, descobridoras, (re)contadoras de histórias. Na produção do jornal, também contamos com o envolvimento das famílias, que atuam como coadjuvantes desse processo tão rico e maravilhoso.

As edições do jornal são lançadas semestralmente e o público leitor é toda a comunidade escolar. O lançamento do primeiro jornal foi uma enorme conquista e realização de parte do que planejamos e vislumbramos para os nossos pequenos leitores.

Desde 2000, a entidade mantém uma importante parceria com o Instituto C&A, que em 2006 lançou o Programa Prazer em Ler. Mais um tempo de parceria se estabelece com o apoio ao Projeto Ciranda Literária, que tem por objetivos: incentivar o prazer pela leitura, criar o hábito de ler e contribuir para a formação de cidadãos leitores, críticos e socialmente ativos.

Nesse sentido, cito Azevedo (2004, p. 38) que contribui dizendo "[...] que a leitura, como muitas coisas boas da vida, exige esforço, e que o chamado prazer da leitura é uma construção que pressupõe treino, capacitação e acumulação".

Seduzida por essa citação e confiante no trabalho, traçamos novas metas para seguir em frente.

Todo trabalho é desenvolvido em grupos áulicos,[2] intercalado com momentos grupo-classe. O tempo é estruturado de modo a garantir a participação de todos os alunos em todas as atividades propostas. As atividades e dinâmicas estão embasadas em um planejamento pedagógico elaborado especialmente para o desenvolvimento de estratégias que promoverão a dinamização da leitura fortalecendo o objetivo do projeto. A saber:

- rodas de leitura;
- sessões de leitura livre;
- hora do conto;
- dramatização de histórias;
- oficina de criação de histórias;
- pesquisas;
- visitas culturais;
- empréstimos de livros;
- festival de leitura;
- mala literária;
- livro ambulante;
- oficina literária com as famílias.

2 Procedimento pedagógico que favorece a vivência de valores de cidadania. Criado pelo professor Cânon, em 1965 e, posteriormente, introduzido no Grupo de Estudos em Educação, Metodologia da Pesquisa e Ação – GEMPA.

Todas as atividades acima citadas têm importância peculiar para o processo de dinamização da leitura na entidade. Mas escolhi três delas para compartilhar em detalhe.

Mala literária

Trata-se de uma iniciativa para possibilitar às famílias das crianças atendidas o acesso à leitura, ao entretenimento, à imaginação, à informação e à descoberta do prazer que a leitura pode proporcionar. Esse é um dos caminhos que estamos percorrendo para uma possível democratização da leitura em nossa comunidade escolar. Existem quatro Malas Literárias com material diversificado (panfletos, jornais, revistas, livros e gibis), que circulam entre as famílias e o prazo de permanência é de uma semana em cada casa. Esse trabalho tem nos presenteado dia a dia com alegres surpresas e descobertas.

Baú ambulante

Um baú com muita diversidade literária e uma colcha de retalhos que foi confeccionada por mães, crianças e voluntários fazem parte dessa atividade, que tem como proposta articular o Instituto Dom Nery com as demais entidades parceiras, possibilitando aos seus educadores e educandos um momento de vivência prazerosa com a leitura e troca de experiências significativas.

Contato com o autor

A cada semestre convidamos um autor para um bate-papo com as crianças. Esses encontros têm sido uma experiência única na qual as crianças começaram a se desenvolver não apenas como leitoras e receptoras da escrita, mas também como autoras e produtoras de seus livros, vivenciando diferentes experiências de letramento.

Contudo, vale destacar que para que a dinamização da leitura se realize, e ser despertado o prazer de ler nas crianças, é de extrema importância que o educador seja estimulado e incentivado a todo momento a buscar incessantemente sua formação como leitor, pois é ele quem assume o papel fundamental no processo de formação de novos leitores. Ele é o principal mediador.

Nas palavras de Delmanto (2007):

> Mediação é um conceito central na concepção vygotskiana do desenvolvimento humano como um processo sócio-histórico; é por meio da troca com o outro que o sujeito se constitui como tal e constrói conhecimentos. Trata-se de um processo que caminha do social – relações intrapessoais – para o individual – relações intrapessoais. Daí a importância da atuação dos membros do grupo social na mediação entre cultura e indivíduo (p. 18).

Mas não bastam os livros nas escolas, os projetos literários, as malas de leitura, ambientes aconchegantes, se os professores não forem, eles mesmos, leitores.

A formação dos professores é, infelizmente, fragmentada e centrada em aplicação de práticas metodológicas desprovidas de consistência leitora, escritora e reflexiva, necessária à competência que se requer para os responsáveis pela educação das nossas crianças e jovens.

Nesse sentido, o Instituto Dom Nery tem investido na formação de seus educadores por meio de Oficinas de Formação, Café com Letras e participação em cursos e seminários. Formação sistemática, contínua e integrada cujo principal objetivo é levá-los a discutir e refletir sobre sua prática de forma interdisciplinar, permitindo às educadoras confrontar suas hipóteses com o conhecimento historicamente constituído, caminhando assim, gradativamente, para a sua formação.

Para Freire (1999), a formação do educador está diretamente relacionada com a formação do educando como cidadão e com a qualidade da educação.

Com isso, vislumbramos um trabalho amplo e flexível aumentando significativamente o repertório das crianças, de seus familiares e educadores da entidade, possibilitando a construção de novos conhecimentos e contribuindo para a sua formação como leitor.

Referências bibliográficas

ARRIGUCCI JÚNIOR, David. *Leitura: entre o fascínio e o pensamento*. Série Idéias. n. 13. São Paulo: FDE, 1994.

AZEVEDO, Ricardo. Formação de leitores e razões para a literatura. In: SOUZA, Renata Junqueira (org.). *Caminhos para a formação do leitor*. São Paulo: DCL, 2004.

DELMANTO, Dileta. A mediação da leitura à luz da concepção de aprendizado socialmente elaborado. São Paulo, *Publicação Prazer em Ler*, v. 2, 2007.

FREIRE, Adriani. Formação de educadores em serviço: Construindo sujeitos, produzindo singularidades. In: KRAMER, S.; LEITE, M. I. (orgs.). *Infância e educação infantil*. Campinas: Papirus, 1999.

PAVANI, Cecília (org.). *Jornal: (In)Formação e ação*. Campinas: Papirus, 2002.

Programa Linguagens e Educação[1]

Cláudia Lúcia Trevisan

I. Apresentação

O Programa Linguagens e Educação, antes denominado Limae – Linguagens, Mídia, Arte e Educação, iniciou suas atividades institucionalizadas com a Resolução SME/Fumec n. 13/2004 (publicada no Diário Oficial do Município de 03/09/2004).

Em 2004, os projetos: Biblioteca, Imprensa na Escola, Mídia: Rádio e Televisão, Pedagogia da Imagem e Arte foram articulados para a composição do Programa Limae. Em 2007, o Programa foi reformulado, com a saída do eixo Arte, para compor novo programa com a inclusão do Projeto Línguas: Francês, Italiano e Libras (Língua Brasileira de Sinais), desse modo, o Programa passou a denominar-se Linguagens e Educação. Vale ressaltar que, independentemente dos direcionamentos dados ao Programa, ao longo da história, os profissionais da educação compreendem a importância da leitura na vida e na formação de crianças, adolescentes, jovens e adultos.

---

1 Organizado por Cláudia Lúcia Trevisan diante dos textos elaborados por Vera Lúcia Batista de Moraes, Isis Veloso, Isa Speranza Righetto, Elisabete Pimentel, Magda Lima, Sevane Pinheiro e Maria Lúcia Bachiega Kolokathis – responsáveis pelos Projetos do Programa Linguagens e Educação do Departamento Pedagógico da Secretaria Municipal de Educação de Campinas.

1. Breve histórico dos projetos

Sobre o Projeto Imprensa: Jornal na Escola, na década de 1980, alguns profissionais desenvolviam projetos relacionados à leitura de jornais na sala de aula. De 1992 a 2003, com a parceria entre a Rede Municipal de Ensino de Campinas (RMEC) e o Projeto Correio Escola, da Rede Anhangüera de Comunicação (RAC), houve a capacitação de professores para o desenvolvimento da leitura de jornal impresso e sua utilização nas áreas de conhecimento escolar, atingindo mais de 70% das escolas municipais. Em 2004, foi criado o Projeto Imprensa na escola pela RMEC, com o objetivo de estender o trabalho a toda a mídia impressa (jornais e revistas) e à mídia eletrônica e de estabelecer integração mais próxima com a literatura. O Projeto Imprensa na escola tem como um dos eixos de trabalho a produção de jornais escolares, visando a valorização do trabalho do aluno e do professor e a participação da comunidade escolar e da família. Para isso, oferece subsídios teórico-práticos para os participantes do grupo de trabalho.

Sobre o Projeto Mídia, a parceria da Secretaria da Educação com a Rádio Educativa, firmada em 2002, possibilitou a divulgação das atividades pedagógicas da SME/Fumec através dos mais de 70 programas radiofônicos, com a participação de professores, alunos e comunidade em geral.

Vale destacar que as parcerias firmadas resultaram da intervenção de professores que iniciaram os trabalhos relacionados com Jornal e Meios de Comunicação na Escola. Tais trabalhos foram divulgados internamente pela SME/Fumec e em congressos relacionados à Leitura, Educação e Comunicação, o que motivou o início das parcerias.

De outro modo, outros projetos relacionados à temática Linguagens, Mídia, Arte e Educação ocorriam, entre eles, o Projeto Biblioteca. Consolidado na RMEC/Fumec, as atividades relacionadas com as bibliotecas escolares passaram por diferentes coordenações, e com a institucionalização do Programa, o projeto foi redirecionado. Entretanto, nos últimos dois anos, as atividades ficaram no âmbito de cada unidade escolar. Ressalte-se que a contribuição dos professores envolvidos com o Programa e seus projetos foi o relatório de uma pesquisa realizada em 2005, com a maioria das unidades escolares da RMEC, tendo como objetivo diagnosticar as condições dos acervos das bibliotecas, o atendimento ao público interno e externo e, principalmente, os projetos pedagógicos envolvidos com as bibliotecas. A saber, por solicitação do DEPE/CEB no segundo semestre de 2005, as unidades educacionais receberam um questionário com o objetivo de obter informações sobre a estrutura e o funcionamento de suas bibliotecas escolares. Em janeiro de 2006, os dados foram tabulados e apresentados os resultados parciais e gerais por NAEDs, separados por níveis de ensino: Educação Infantil e Ensino Fundamental. Para o presente estudo, vale destacar os resultados sobre os projetos em andamento e suas finalidades.

Unidades de Educação Infantil:

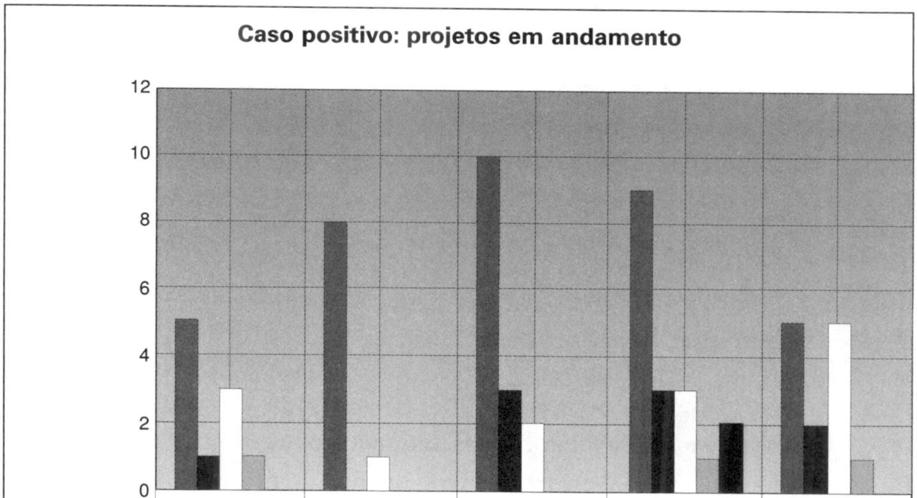

	Leste	Norte	Sul	Sudoeste	Noroeste
Arte/Cult/Progr/Proj	5	8	10	9	5
Empréstimo	1	0	3	3	2
Contação História	3	1	2	3	5
Atend Comunidade	1	0	0	1	1
Exposição/Concursos	0	0	0	2	0

Fonte: Tabela 27 – Arquivo Ed. Inf. CEB/DEPE, janeiro de 2006.

Unidades de ensino fundamental:

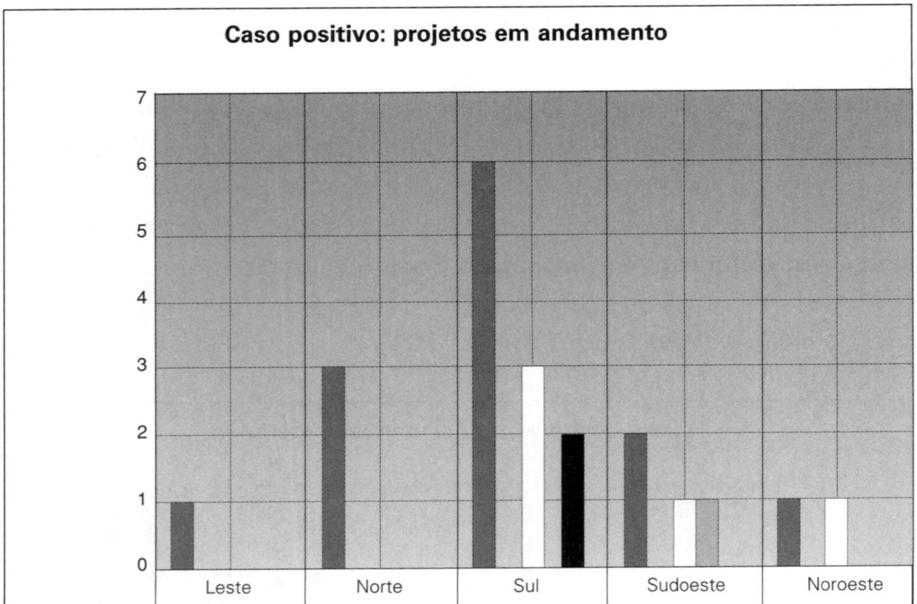

	Leste	Norte	Sul	Sudoeste	Noroeste
Arte/Cult/Progr/Proj	1	3	6	2	1
Empréstimo	0	0	0	0	0
Contação História	0	0	3	1	1
Atend Comunidade	0	0	0	1	0
Exposição/Concursos	0	0	2	0	0

Fonte: Tabela 27 – Arquivo EMEF CEB/DEPE, janeiro de 2006.

Observou-se que a maioria das unidades educacionais respondentes possui bibliotecas escolares, com o envolvimento de professores e funcionários no atendimento às comunidades interna e externa; no caso de realizarem projetos, as finalidades mais apontadas foram: artísticas, culturais, de empréstimo, contação de história, exposição e concursos.

No primeiro semestre de 2006, as coordenações dos programas e projetos da RMEC/Fumec elaboraram um documento denominado *Estudo sobre currículo, metodologia e formação* com o objetivo de contribuir com o debate sobre a escola de nove anos. Tal proposta reuniu e reorganizou os conteúdos e as atividades de cada programa e projeto, entre eles, do Programa Limae; a novidade para esse programa foi a inclusão do Projeto Línguas Francês e Italiano.

Ressalta-se que os projetos relacionados ao tema Arte necessitavam de um foco interdisciplinar para suas atividades. Para isso, o documento propôs o Programa Arte e Educação compilando as experiências de projetos como: Musicalização – Fanfarra e Banda Rítmica, Canto Coral, Dança e Teatro. Tal iniciativa não inibiu a continuidade da interdisciplinaridade temática pelo Programa Limae, já que o campo linguagens admite diferentes formas de expressão e manifestação, seja artística, cultural, seja midiática.

Sobre o Projeto Línguas, a iniciativa surgiu em 1995. No mesmo ano, foi firmada a parceria da SME/Fumec com a Aliança Francesa de Campinas, instituição sem fins lucrativos coligada ao Consulado Geral da França em São Paulo. Tal parceria resultou na capacitação de professores e alunos da RMEC/Fumec, intercâmbios culturais e destaque dos alunos no campo educacional e profissional. Aproximadamente, mil alunos e cem professores passaram por essa formação.

II. Objetivo geral

- Contribuir para a integração e o intercâmbio dos diversos projetos que já se desenvolviam nas áreas de Linguagens, Mídia, Arte e Educação, ampliando as possibilidades de capacitação e informação dos sujeitos neles engajados.

III. Objetivos específicos

Para o cumprimento do objetivo geral, agregaram-se os seguintes objetivos específicos:

- reafirmar as equipes educativas das unidades escolares como produtoras e autoras de seus fazeres;
- trabalhar com a singularidade dos projetos pedagógicos e oferecer suporte para sua realização;
- propiciar ações com os projetos pedagógicos para que ampliem o intercâmbio, a interlocução e a aprendizagem;

- registrar a ação educativa consequente dos projetos e de sua inter-relação com o cotidiano escolar;
- contribuir para a busca de soluções criativas para os desafios e limites que se põem à realização e integração dos projetos nas unidades educacionais.

IV. Justificativa

Segundo dados do MEC – Ministério da Educação – sobre o atual cenário do país no que se refere à alfabetização, leitura e escrita, o brasileiro lê, em média, menos de dois livros por ano, número muito baixo se comparado a outros países: os colombianos, por exemplo, leem 2,4 livros a cada ano e os ingleses e norte-americanos, cinco. Uma consideração importante é que esse resultado não significa apenas um desinteresse da população, mas uma incapacidade para a leitura. Dados do MEC apontam que o Brasil possui 16 milhões de analfabetos com mais de 15 anos e 33 milhões de analfabetos funcionais – pessoas que sabem ler, mas não entendem o que leem.

A ANJ – Associação Nacional de Jornais – relata que, por iniciativa de seus associados, foram criados muitos programas que levam jornais para as escolas e bibliotecas, com o objetivo de formar novos leitores para que se revertam os baixos índices de leitura dos brasileiros. Os associados consideram que tais programas constituem uma oportunidade de facilitar o acesso dos sujeitos envolvidos às questões do cotidiano, descritas nos jornais, contribuindo assim para uma postura crítica e cidadã dos sujeitos em relação aos fatos. Sobre os objetivos dos programas educativos promovidos pelos associados, uma pesquisa realizada em 2004 pela ANJ apontou os seguintes dados:

- 24% optou pelo objetivo de "favorecer o exercício da cidadania por parte dos jovens";
- 20% optou pelo objetivo de "investir na formação de novos leitores de jornal";
- 18% optou pelo objetivo de "dar início a uma iniciativa que expresse a responsabilidade social da empresa".

Apesar da iniciativa dos associados e dos objetivos gerais assumidos por seus programas, os índices apontados pelo MEC continuam altos. Não só a

ANJ, mas também a Unesco no Brasil revela a preocupação com a temática Linguagens, Mídia, Arte e Educação quando da apresentação de temas voltados para a Diversidade Cultural e Linguística e Liberdade de Imprensa, sendo que a área temática Comunicação e Informação é orientada por três objetivos principais:

- promover o livre fluxo de ideias e o acesso universal à informação;
- promover a expressão do pluralismo e da diversidade cultural na mídia e nas redes mundiais de informação; e
- promover o acesso universal às tecnologias de comunicação e informação.

Ainda, sobre a questão referente à temática Linguagens, Mídia, Arte e Educação, a ONU e o Unicef no país promoveram a 4ª Cúpula Mundial de Mídia para Crianças e Adolescentes, realizada no Rio de Janeiro, em 2004, na qual debateram-se questões pertinentes à problemática Leitura e Mídia. A seguir, os principais pontos do debate que se destacaram:

- a sociedade está preocupada com o que a mídia veicula em sua programação. E mais do que isso, está disposta a lutar por produtos de qualidade. Experiências bem-sucedidas em todo o mundo mostram de que forma essa participação é possível e vem alcançando objetivos positivos;
- não existe uma receita pronta para produzir mídia de qualidade para crianças e adolescentes. Mas há, sim, parâmetros e requisitos que, na prática, vêm contribuindo para o êxito e a constituição de conhecimentos e valores na vida de crianças e adolescentes. Educação, cultura e entretenimento devem estar presentes nessa produção que precisa, acima de tudo, ser socializada;
- é inquestionável a influência que a mídia exerce no cotidiano de crianças e jovens. O fato é que essa influência, na maior parte das vezes, é negativa;
- os valores da atual sociedade globalizada – veiculados e divulgados pelos meios de comunicação – não atendem as necessidades e expectativas do cidadão. Portanto, é preciso que a mídia e seus profissionais revejam suas posturas, conceitos e objetivos;
- a mídia deve ser democrática, abrindo espaço para a multiplicidade de vozes e culturas, mantendo-se cuidadosa e atenta aos valores e estereótipos que são veiculados.

Ainda é preciso garantir que crianças e adolescentes tenham acesso aos meios de comunicação e aos seus produtos – um direito de todos.

No debate, adolescentes representantes manifestaram-se:

"Queremos uma mídia feita por adultos e adolescentes: uma mídia de todos, para todos, por todos", completou a malaia Marisha Shakil. *"Não queremos que vocês trabalhem para nós, mas que trabalhem conosco. Se você der um papel em branco para uma criança, ela vai fazer um desenho lindo. Mas, se você fizer com ela, os dois farão uma obra-prima."* Khairul Azri Sabri, jovem malaio, ratificou: *"Se vocês nos ensinarem a amar, amaremos. Se vocês nos ensinarem a brigar, brigaremos. E, se vocês nos deixarem livres para praticar o que pensamos, voaremos"*.

É do conhecimento dos profissionais da SME/Fumec a importância de trabalhar os conteúdos das diferentes linguagens, pois eles contribuem para a erradicação do analfabetismo, para a construção de uma mídia democratizada, para a valorização da diversidade cultural e, principalmente, para a consolidação do papel de cidadão dos sujeitos envolvidos, entre eles, crianças e adolescentes.

O exemplo citado por adolescentes na 4ª Cúpula Mundial de Mídia para Crianças e Adolescentes revela a importância da diversidade cultural. Compreender a cultura de outro país significa a expansão da visão crítica da criança e do adolescente diante do mundo. Isso posto, o conhecimento de uma segunda língua é muito importante para a formação do indivíduo por várias razões, entre elas, temos que o pensamento compõe-se por meio da linguagem e vice-versa; nesse processo há um desenvolvimento do raciocínio e da capacidade de estabelecer relações entre os diversos saberes e conhecimentos. Além disso, outra razão pertinente é que o indivíduo, estudando uma segunda língua, adquire competências importantes como a expressão e a compreensão oral e escrita, ampliando a capacidade para a produção de novos conhecimentos sobre cultura, diversidade e contemporaneidade: uma língua mostra a identidade de um povo, faz reconhecer pontos convergentes e divergentes em relação à cultura brasileira. Segundo a professora Nelly Novaes Coelho, da Universidade de São Paulo, Instituto de Letras: *"Quando se aprende uma língua, entra-se com um programa novo. É um novo sistema ope-*

racional, que atua ao lado do que existia. Uma linguagem, fisiologicamente, organiza o cérebro para ampliar o conhecimento."

O MEC já sinalizou nos Parâmetros Curriculares a importância de atividades interdisciplinares que favoreçam o conhecimento sobre as diferentes linguagens e culturas, expressões e manifestações. Daí a importância da compreensão e leitura dos meios de comunicação social, da cultura e da arte pelos alunos e o incentivo de práticas pedagógicas inovadoras em sala de aula, promovendo a produção do conhecimento do aluno sobre a temática, ou seja, ele como produtor de suas mensagens por meio de diferentes linguagens, expressões e manifestações. Um destaque vai para a Câmara Municipal de Campinas que, em maio de 1997, conduziu para aprovação a Lei nº 177, que dispõe sobre a introdução da leitura de jornais e revistas como atividade curricular no ensino fundamental de primeiro grau, da SME/Fumec. Entretanto, independentemente dos Parâmetros Curriculares do MEC e da Lei Municipal de Campinas, as atividades com mídia impressa e eletrônica nas unidades educacionais já ocorriam.

Nesse sentido, nos últimos anos, o Programa Limae, hoje denominado Linguagens e Educação, impactou a comunidade campineira por meio do Departamento Pedagógico da SME/Fumec quando da:

- organização dos espaços de aprendizagem, tempo escolar e tempo histórico;
- valorização da autoria dos sujeitos da escola e contribuição para sua formação crítica;
- compreensão da educação como prática sociocultural, ambiental e histórica e da escola como instituição social promotora de cultura e pesquisa;
- explicitação das diferentes formas de trabalho com a linguagem, incluindo textos de imprensa, literatura, rádio, TV, música, teatro, artes plásticas e outros;
- contribuição para a formação dos profissionais da educação e agentes culturais envolvidos no processo ensino-aprendizagem, responsáveis pela formação de alunos leitores;
- relação e integração entre os diferentes projetos da escola e a aprendizagem dos alunos; e

- valorização do registro formal das ações educativas como forma de ampliação, divulgação dessas ações e documentação pedagógica, considerando os sujeitos escolares como cidadãos e, portanto, atuantes na construção de um mundo mais humano.

V. Metodologia – estratégia de ação

Em 2007, a principal estratégia de ação foi o desenvolvimento integrado de cada Projeto do Programa Linguagens e Educação, a saber: Imprensa Jornal na Escola, Mídia Rádio e Línguas. Para tanto, foram necessários alguns procedimentos, entre eles: metodológico institucional e metodológico de cada Projeto, com atividades coordenadas e compartilhadas. Vale ressaltar que cada Projeto atingiu os objetivos propostos do Programa, com foco na leitura e escrita, passando pelas diferentes linguagens, expressões e formas artísticas e culturais.

2. Coordenação Colegiada pelos coordenadores dos eixos e respectivos projetos do Programa Linguagens e Educação

Em reuniões, a equipe de coordenadores de cada projeto do Programa deliberou sobre a condução dos trabalhos, respondendo às instâncias competentes, entre elas a Coordenadoria de Formação e o Departamento Pedagógico, pelas atividades executadas. Tais reuniões propiciaram a interdisciplinaridade nas ações propostas pelos projetos, a otimização dos recursos investidos em cada um deles (como eventos), a oportunidade de parcerias e convênios e, por fim, a sistematização e a organização dos relatórios de atividades, acompanhamento e avaliação nas unidades educacionais e nos respectivos NAEDs – Núcleos de Ação Educativa Descentralizados.

3. Procedimentos metodológicos dos projetos

3.1. Projeto Imprensa na Escola

a) Seis grupos de formação (com 20 vagas cada) para os profissionais da educação

Os encontros foram oferecidos, durante o ano, quinzenalmente, de forma alternada. Os conteúdos foram abordados através de palestras, oficinas e exercícios práticos. Como procedimento de avaliação da participação do integrante ao grupo de formação, ele socializou os conteúdos apreendidos com a comunidade escolar a que pertencia.

b) Oficinas nas unidades educacionais

Durante o ano, as unidades solicitaram a presença da coordenação do Projeto para oficinas ou palestras no TDC ou formação. O atendimento foi efetivado, pois houve solicitação com antecedência para o planejamento das ações pertinentes.

c) Oficinas com alunos

Durante o ano, os profissionais que integraram os grupos de formação solicitaram a presença da equipe do Projeto para palestras e oficinas na comunidade escolar e em sala de aula.

d) Exposições e eventos

Os profissionais que participaram da formação foram motivados a realizar a exposição de seus trabalhos e de seus alunos nas escolas. A equipe do Projeto ofereceu assistência quando foi necessário.

e) Mostra de atividades, portfólios e jornais escolares

No final do ano foi realizada uma mostra com os trabalhos elaborados pela formação.

3.2. Projeto Mídia: Rádio

A parceria entre as secretarias de Cultura e de Educação possibilitou duas frentes: curso de formação para profissionais da educação e oficinas com alunos das unidades escolares. Entretanto, os estúdios e equipamentos disponibilizados pela Rádio Educativa para curso e oficinas foram limitados para pequenos grupos de, no máximo, 15 integrantes. Assim, para o Projeto Mídia: Rádio estabeleceram-se as seguintes ações:

a) Quatro grupos de formação (com 15 vagas cada) para os profissionais da educação

Os encontros foram oferecidos do seguinte modo: dois no primeiro e dois no segundo semestre. Cada grupo participou de 15 encontros, de duas horas e meia cada. Foram priorizados os horários de segunda-feira no período da tarde e sábado no período da manhã. Os conteúdos foram abordados por meio de palestras e exercícios práticos. Como procedimento de avaliação da participação do integrante do grupo de formação, ele socializou os conteúdos apreendidos com a comunidade escolar a que pertencia, retornando ao grupo de formação os comentários da socialização.

b) Visitas e oficinas nas unidades educacionais

Durante o ano, as unidades que solicitaram a presença da coordenação do Projeto foram atendidas, quando houve compatibilidade de agendas.

c) Oficinas com alunos

Durante o ano, ocorreram oficinas com alunos, solicitadas pelas unidades escolares e agendadas, principalmente dos estúdios da Rádio Educativa; respeitando o mesmo princípio: 15 integrantes no máximo.

d) Mostra de atividades

No final do ano, foi realizada uma mostra com os trabalhos elaborados pela formação e pelas oficinas.

e) Produção do Programa Ponto-e-Vírgula

Durante o ano, foram produzidos programas de 15 minutos, veiculados toda sexta-feira pela manhã, na Rádio Educativa.

3.3. Projeto Línguas

3.3.1. Francês

O convênio estabelecido com a Aliança Francesa até o ano de 2009 vai permitir as seguintes estratégias metodológicas:

a) Grupo de formação pedagógica para ensino da Língua Francesa para os alunos

Grupo para professores que já iniciaram as aulas de francês com os alunos. São discutidas noções de aprendizagem, ensino e língua materna e estrangeira. O material para a dinâmica pedagógica consiste num livro elaborado na França sobre o ensino precoce da língua francesa nas escolas. São entregues apostilas contendo conceitos, estratégias e atividades como sugestão para qualificação do ensino em sala de aula. O debate nesse grupo de formação propiciará a socialização das experiências e a elaboração de planos de aula criativos e adequados ao contexto social dos alunos.

b) Grupos de formação em Língua e Cultura Francesa

Grupo para professores titulares de, no máximo, 14 integrantes. Os conteúdos trabalhados atendem as novas exigências propostas no Quadro Comum Europeu do Ensino de Línguas, que consiste em desenvolver as competências de expressão e compreensão escrita e oral. Os professores seguem os métodos utilizados pela Aliança Francesa de Campinas. Após o tempo mínimo de dois anos de formação, os professores deverão iniciar o curso de francês na unidade educacional a que pertencem.

c) Grupos de alunos bolsistas das EMEFs

São formados dois grupos de no máximo 15 integrantes cada. As escolas selecionam um aluno que tenha interesse em estudar outra língua. O acompanhamento dos alunos bolsistas é realizado pela coordenação do Projeto Línguas e, também, por meio de reuniões semanais com as professoras que ministram cursos.

d) Reuniões periódicas com o diretor da Aliança Francesa e as professoras que estão em formação

As reuniões ocorrem às segundas-feiras, das 8h30 às 10h, para a socialização das informações e experiências vivenciados nos cursos realizados nas unidades escolares.

e) Visitas nas unidades onde o curso acontece

São agendadas visitas aos professores e às escolas onde o curso de francês acontece. As visitas são registradas e compartilhadas com os demais interessados.

f) Exposições e eventos

No segundo semestre ocorrerá uma mostra dos trabalhos desenvolvidos por professores e alunos e também apresentações culturais e artísticas com canções e dramatizações.

3.3.2. Italiano

Em 2007, foram recuperados, por meio de um diagnóstico na Rede, os professores que já possuem formação básica em Língua e Cultura Italiana. Após identificados, foi proposto um trabalho de motivação para que proponham projetos para essa língua nas suas unidades escolares.

3.3.3. Libras

Formação de grupo de estudos com professores e especialistas.

3.4. Bibliotecas escolares

As atividades básicas desenvolvidas nas bibliotecas escolares foram:

- organização de horários para o atendimento à pesquisa, organização da biblioteca (murais, exposições, tombamentos e outras atividades), promoção de eventos (concursos, feiras de livros, eventos com outros projetos e disciplinas);
- organização de exposições dos materiais didático-pedagógicos para os professores conhecerem;
- integração entre os professores e especialistas da escola para o trabalho da biblioteca;
- elaboração do regulamento da biblioteca com a equipe escolar;
- organização dos horários para que os empréstimos de livros a todos os alunos acontecessem, no mínimo, uma vez por semana, no seu horário de aula;
- organização de horários para que os professores da escola desenvolvessem atividades com seus alunos na biblioteca, como: dar uma aula naquele espaço, realizar uma pesquisa, assistir a um vídeo, ler jornais, revistas, entre outras;
- realização do levantamento bibliográfico com os professores antes que eles solicitassem pesquisas aos alunos;
- realização da Hora do Conto e premiação, na escola, dos alunos de concursos literários.

3.5. Formação em Pedagogia da Imagem

Foram oferecidos cursos de formação para educadores da RMEC em parceria com a Secretaria Municipal de Cultura – Museu da Imagem e do Som.

VI. Período de realização do programa

As atividades do projeto tiveram início em março de 2007 e término em novembro de 2007.

VII. Abrangência

Prioritária: Rede Municipal de Ensino de Campinas e Fumec (EJA II). O Programa atingiu, em 2007, mais de 70% da Rede de Ensino Municipal de Campinas, ou seja, mais de 125 unidades escolares, através de seus representantes em formação.

VIII. Local de realização

Município de Campinas. Os grupos de formação, cursos e oficinas foram realizados prioritariamente na região central da cidade ou nas unidades escolares municipais.

Biblioteca Escolar e Leitura na Escola: caminhos para a sua dinamização

Mirian Clavico Alves

A Bela Adormecida da escola – a biblioteca.
Como acordar a princesa desse sono tão profundo?
Graça Maria Fragoso

A biblioteca escolar convive com grandes desafios em vista da realidade do atual sistema educacional brasileiro. Tais desafios consistem em entraves existentes há algumas décadas como, por exemplo, a falta de exigência de bibliotecas escolares de ensino infantil, fundamental e médio, o que não ocorre nas universidades, que não existem sem bibliotecas e bibliotecários, sendo avaliadas também por esse quesito; destacando-se ainda a falta de reconhecimento e de valorização das bibliotecas como importantes incentivadoras da leitura, de investimentos em espaço físico e acervo que atendam ao projeto pedagógico das escolas, e a não-valorização do profissional responsável pela gestão e dinamização de bibliotecas – o bibliotecário. Essa situação problemática precisa ser discutida, buscando caminhos para a superação dos desafios existentes. (Mollo, 2007)

Assim, o primeiro grande desafio a ser superado é a biblioteca escolar se fazer necessária na escola, ou seja, ela precisa ser entendida como de vital importância para o sistema educacional, uma vez que, nesse espaço, são reunidos e dinamizados materiais bibliográficos, constituindo um acervo variado, condizente com as aptidões de leitura de cada leitor, ou seja, ensino e biblioteca se complementam. (Silva, 1993)

Logo, para que aconteça a dinamização do acervo, do espaço da biblioteca e da leitura, a biblioteca escolar deve ser repensada como um ambiente também de criação e de compartilhamento de experiências, um espaço de produção cultural em que crianças e jovens sejam criadores e não apenas consumidores de cultura, exercendo, assim, suas funções básicas que são a educativa, a informativa, a cultural e a recreativa. (Carvalho, 2005)

Dessa forma, além de possibilitar o acesso à informação, tanto físico (livros, periódicos, CD-ROM, *slides* etc.) como virtual (disponível on-line), a biblioteca escolar deve oferecer atividades variadas, buscando proporcionar um ambiente dinâmico e atrativo dentro da escola, destacando sempre a importância da leitura e estimulando sua prática com, por exemplo, a hora do conto, a feira do livro, o encontro com autores, as exposições, as aulas de leitura, a divulgação de novas aquisições, as visitas semanais, o recital de poesia etc.

A seguir, examinaremos algumas dessas atividades com o intuito de apresentar caminhos para a dinamização da leitura no contexto educacional.

Hora do conto

> *Ah, como é importante na formação de qualquer*
> *criança ouvir muitas histórias...*
> *Escutá-las é o início da aprendizagem para ser leitor,*
> *e ser leitor é ter caminho absolutamente infinito*
> *de descoberta e de compreensão do mundo...*
> Abramovich

O prazer proporcionado pelos livros começa a ser intensificado na idade pré-escolar por meio da história contada. O sucesso dessa atividade vai depender da criatividade do contador(a) de histórias em descrever fatos com emoção e originalidade, com o intento de prender a atenção do ouvinte na história que está sendo contada.

Trata-se de uma atividade lúdica, em que as crianças começam a ser atraídas, familiarizadas e envolvidas pela literatura. Assim, após ouvir a história, a criança deve ficar livre para olhar, folhear os livros que estão à disposição na biblioteca e, se possível, o livro que foi utilizado para contar a história.

O ato de ouvir histórias é muito importante por ser recreativo, educativo, instrutivo e afetivo (alargando horizontes, estimulando a criatividade, criando hábitos, despertando emoções e valorizando sentimentos), além de estimular a socialização, desenvolver a atenção e a disciplina. (Souza, 2000)

Uma leitura prazerosa atrai crianças para o contato com o livro e a própria leitura, estimula ainda o interesse dos alunos, principalmente para o livro que contém a história que foi contada, bem como para o gênero, o assunto e a coleção da qual o livro faz parte. Destaca-se também o desejo despertado no pequeno leitor de sempre ir à biblioteca, demonstrando que, por meio do ato de contar histórias, a biblioteca escolar pode-se tornar um ambiente prazeroso e, consequentemente, fazer com que a leitura ganhe espaço na vida da criança.

Encontro com autores

> *Do aluno obrigado a escrever uma redação que lhe garanta a nota mínima na prova, ao festejado autor de* best-sellers *milionários, o* ***trazer ou não a chave*** *é a senha para cativar os leitores.*
>
> Marisa Lajolo

Proporcionar encontros com autores pode ser um grande convite à leitura, pois possibilita a oportunidade de discussão e produção de conhecimento, além de motivar nos leitores o interesse pela leitura das demais obras do autor, pelo mesmo gênero literário, assunto abordado etc.

Esse encontro pode ocorrer após a leitura de uma obra adotada em sala de aula ou através de um projeto literário elaborado pelos professores, por exemplo.

É maravilho observar os olhares curiosos dos leitores diante de um autor cuja obra foi lida. As dúvidas e curiosidades são inúmeras. Nesse tipo de atividade, é possível despertar no aluno o interesse em escrever suas próprias histórias e para o processo de composição do livro, desde a ideia inicial, as pesquisas, o desenvolvimento, a criação dos personagens, o ato de escrever todas as ideias, até a redação final, destacando e valorizando, nesse momento, o ato da escrita.

Exposições

As exposições estimulam aqueles jovens que ainda não adquiriram o hábito de leitura. Elas devem acontecer dentro do ambiente da biblioteca, pois são uma oportunidade de atrair, principalmente, as crianças e os jovens que não costumam frequentá-la e que acabam por descobrir um local rico em opções de atividades de estudos e de recreação.

As exposições podem ser de livros ou assuntos existentes na biblioteca e desconhecidos do leitor, de obras de arte, de fotografias, de peças de artesanato, de trabalhos produzidos pelos próprios alunos etc.

Elas podem ser organizadas pelo próprio bibliotecário, ou podem ser realizadas pela parceria entre bibliotecário e professor. O professor pode trabalhar com os alunos determinado texto literário em sala de aula, e eles devem expressar o conhecimento adquirido, produzindo algum material para ser exposto na biblioteca da escola. O bibliotecário, então, associa a exposição aos livros do acervo que abordam o assunto, o autor, ou o gênero literário, atraindo para eles a curiosidade. Dessa forma, as exposições fazem da biblioteca também um espaço de expressão!

Visitas semanais

Oh! Bendito o que semeia livros...
Livros à mão-cheia...
E manda o povo pensar!
O livro, caindo n'alma
é germe – que faz a palma,
é chuva que faz o mar.
Castro Alves

As visitas semanais têm certa influência para estabelecer um elo interessante entre os leitores e os livros. A espera. A curiosidade. A saudade... São como encontros marcados com o livro. (Lajolo, 1997)

É nesse momento que o aluno tem a oportunidade de analisar e escolher o livro que mais lhe agrada, o que mais lhe parece interessante, buscando as respostas, o aconchego de que precisa. Até mesmo os pré-leitores devem ser motivados a escolher um livro para, então, em casa, solicitar sua leitura aos responsáveis. Nesse momento, a família é fundamental. A criança muitas vezes pede que se leia a mesma história várias vezes, ou seja, o pai, a mãe, o irmão podem fazer o papel de mediador entre o livro e a criança.

De acordo com Vargas (1997), o leitor que consegue se entender melhor, e se posicionar mais criticamente depois de ler determinado livro, vivencia o mesmo sentimento que uma pessoa angustiada sente quando recorre a um amigo, ou seja, é que o leitor atribui o devido valor e significado ao livro e à leitura. E as visitas semanais são uma das oportunidades que o aluno tem de encontrar esse livro elucidador!

Aulas de leitura

Somente muitas oportunidades de leitura poderão gerar leitores.
Walda de Andrade Antunes

É de fundamental importância motivar nos alunos o hábito regular de leitura livre e silenciosa. As aulas de leitura têm esse intuito, pois o aluno vai incorporando sutilmente a necessidade e a importância de reservar um horário do seu dia para a leitura, além de se conscientizar do espaço da biblioteca e do que ela pode oferecer para suprir suas necessidades informacionais e de leitura.

É importante frisar como é produtivo o trabalho em conjunto entre professor e bibliotecário, ou seja, as aulas de leitura na biblioteca só acontecem se o bibliotecário e o professor trabalharem juntos. O professor, já no início do ano letivo, pode disponibilizar uma de suas aulas somente para leitura, agendando dia e horário na biblioteca. A biblioteca, por sua vez, disponibiliza o variado acervo e o espaço para ler. Caso o aluno queira levar o livro para a continuação da leitura, basta fazer o empréstimo domiciliar.

Feira do livro

A feira do livro na escola é um evento que, além de educar, cumpre uma função cultural da mais alta significação. A começar pelas atividades que podem ser realizadas, como: palestra para os pais sobre a importância da leitura, encontro com autores e escritores, café filosófico, apresentação teatral de alguma obra literária, contadores de histórias, recital de poesia, grupos culturais, animadores no ambiente onde os livros se encontram expostos, sarau etc.

É através dessas atividades que a feira do livro torna-se uma ótima oportunidade de expor o fantástico mundo da leitura a toda a comunidade escolar: aos alunos leitores, assíduos ou não, aos professores, aos funcionários, aos pais e familiares.

A feira do livro pode proporcionar a escolha individual. O aluno pode comprar um livro porque tem vontade, sem a interferência do adulto, seja a mãe, o pai, o professor ou o bibliotecário.

O ambiente deve ser bem decorado e animado para chamar a atenção do leitor e proporcionar momentos de prazer, deixando ao alcance dos olhos e das mãos de um grande público potencial (alunos, pais, professores, funcionários da escola) o maior número possível de títulos de variadas editoras, de forma que eles percebam a variedade da produção existente e, dentro dela, descubram um ou outro livro que, pelo tema, pela capa, pelos aspectos gráficos em geral, possa agradá-los. (Sandroni, 1998)

É uma grande parceria entre escola, biblioteca, livreiros e editores. As atividades voltadas para os alunos da escola, que podem ocorrer simultaneamente para públicos diferentes, em diferentes locais, inclusive onde a feira é realizada. O último dia pode ser aberto a toda a comunidade do bairro e familiares, por exemplo.

Enfim, a feira do livro é a oportunidade de unir muitas atividades que podem ser realizadas cotidianamente na biblioteca e na escola em um grande evento, disseminando a informação e incentivando o gosto e prazer pela leitura.

Conclusão

O essencial, para que aconteça a dinamização da leitura, é descobrir o que a biblioteca e seu acervo têm em comum com o leitor em potencial e, a partir desse elo, desenvolver atividades que possam atrair mais leitores à biblioteca, seja alunos da rede municipal seja da estadual de ensino, que na maioria das vezes convivem com a falta de acesso a equipamentos culturais, bem como alunos da rede particular de ensino, que convivem muitas vezes com o excesso de informação e de tecnologia, que vem transformando em grandes concorrentes do livro e da leitura.

A biblioteca escolar é parceira da escola e do professor. De acordo com o Manifesto para a Biblioteca Escolar da Unesco/IFLA (International Federation of Library Association), está comprovado que bibliotecários e professores, ao trabalharem em conjunto, influenciam o desempenho dos estudantes para o alcance de maior nível de literância na leitura e escrita, aprendizagem, resolução de problemas, uso da informação e das tecnologias de comunicação e de informação.

Portanto, investimentos, bibliotecas bem equipadas, com bom espaço e acervo, que atendam ao projeto pedagógico das escolas e administradas por profissionais bibliotecários, podem contribuir significativamente para suscitar o gosto pela leitura, atraindo mais leitores, oferecendo a possibilidade de se tornarem mais críticos e efetivos usuários de informação, em todos os formatos e meios.

Referências bibliográficas

CARVALHO, Maria da Conceição. Escola, biblioteca e leitura. In: CAMPELLO, Bernadete Santos et al. 2. ed. *A biblioteca escolar: temas para uma prática pedagógica.* Belo Horizonte: Autêntica, 2005. p. 21-23.

LAJOLO, Marisa. *Do mundo da leitura para a leitura do mundo.* 3. ed. São Paulo, Ática, 1997.

MOLLO, Gláucia Maria. *X Seminário sobre "biblioteca".* Disponível em: <http://www.alb.com.br/cole06/semin/002_biblioteca.asp>. Acesso em: 10 abr. 2007. 4. ed. São Paulo: Ática, 1998.

SILVA, Ezequiel Theodoro da. Biblioteca escolar: da gênese à gestão. In: ZILBERMAN, Regina (org.). *Leitura em crise na escola: alternativas do professor.* 11. ed. rev. atual. Porto Alegre: Mercado Aberto, 1993. p. 133-145.

SOUZA, Lígia Maria Silva; DUPASD, Maria Angélica. *Ler é prazer:* os projetos de incentivo à leitura da biblioteca comunitária da UFSCar. Disponível em: <http://snbu.bvs.br/snbu2000/docs/pt/doc/poster019.doc>. Acesso em: 3 jul. 2007.

VARGAS, Suzana. *Leitura: uma aprendizagem de prazer.* 3. ed. Rio de Janeiro: José Olympio, 1997.

BIOGRAFIAS

EZEQUIEL THEODORO DA SILVA atua como professor colaborador-voluntário na Faculdade de Educação da Unicamp. Entre as funções mais importantes por ele exercidas, estão as de Secretário Municipal de Cultura, Esporte e Turismo de Campinas, Secretário Municipal de Educação de Campinas, Diretor-Executivo da Editora da Unicamp, Coordenador da Biblioteca "Joel Martins" e Presidente da Associação de Leitura do Brasil (ALB) por várias gestões. Produziu mais de 30 livros e centenas de artigos que tematizam, fundamentalmente, as práticas de leitura no território brasileiro. Atualmente, faz parte do Grupo de Pesquisa de Alfabetização, Leitura e Escrita (ALLE) da Faculdade de Educação da Unicamp. Também produziu os sites da ALB <http://www.alb.com.br/> e do Pescarte <http://www.pescarte.com.br/>, fazendo sua manutenção e atualização na Internet.

ARIANE SOARES MILAGRES, graduada em Pedagogia pela Pontifícia Universidade Católica de Campinas – SP, iniciou a carreira profissional como professora na Educação Infantil e atualmente atua como coordenadora de projetos no Instituto Dom Nery em Campinas. Entre os projetos desenvolvidos, constam a criação do *Jornal Dom Nery* e o Projeto Ciranda Literária; ambos com o objetivo de incentivar a leitura, despertando nas crianças, familiares e entidades parceiras o prazer de ler. Atua como voluntária no programa Fazer Acontecer do Instituto Elektro em Guarujá – SP, contribuindo para o desenvolvimento do protagonismo juvenil e empreendedorismo.

CARLOS EDUARDO DE OLIVEIRA KLEBIS, graduado em Letras e mestre em Educação pela Universidade Estadual de Campinas (Unicamp). Atualmente, é professor de Língua Portuguesa da rede pública do estado de São Paulo, é professor do ensino superior nos cursos de Pedagogia, Normal, Superior, Letras e Coordenador do curso de Especialização em Gestão Escolar da Faculdade Cenecista de Capivari, SP (Facecap). Tem experiência na área de Educação, com ênfase em leitura, atuando principalmente nos seguintes temas: bibliotecas escolares, formação de leitores, leitura e escola. Atuou, na Universidade Estadual de Campinas, como professor bolsista em duas edições do Programa de Formação Continuada de Professores do Ensino Fundamental e Médio – "Teia do Saber", ministrando disciplinas relativas à leitura e à dinamização das bibliotecas escolares. Além disso, desenvolve trabalhos artístico-culturais nas áreas de literatura, poesia e composição musical desde 1996, tendo já publicado coletâneas de poemas, discos de canção popular brasileira, contos e ensaios.

CLÁUDIA LÚCIA TREVISAN, graduada em Comunicação Social, Publicidade e Propaganda pela Pontifícia Universidade Católica de Campinas (1992), em Pedagogia, Habilitação Docente e Não-docente pela Pontifícia Universidade Católica de Campinas (1996) e mestre em Educação pela Pontifícia Universidade Católica de Campinas (1998). Atualmente é Docente da Pontifícia Universidade Católica de Campinas e professora da Prefeitura Municipal de Campinas, coordena o Grupo de Trabalho Rádio e Televisão do Programa Linguagem e Educação do Departamento Pedagógico da SME e o Programa de Rádio Ponto-e-Vírgula, na emissora educativa de Campinas, FM 101,9.

DANIELA CRISTINA DE CARVALHO, mestre em Educação pelo Centro Unisal. Professora de Língua Portuguesa da rede pública estadual há doze anos, trabalhou como educadora social durante sete anos no Projeto Formação I/ Banda Bate Lata. Atualmente, exerce a função de Assistente Técnica Pedagógica de Língua Portuguesa, na Diretoria de Ensino Campinas Leste, atuando na formação continuada de professores da rede estadual. Exerceu a função de mediadora, pela PUC-SP e Cenp/Seesp, nos cursos EAD – Práticas de Leitura e Escrita na Contemporaneidade e Ensino Médio em Rede. Participou, como palestrante, de eventos relacionados à educação em diversas instituições de ensino, como Unicamp, Metrocamp, EsPCEx e Unisal. Integra o Grupo de Pesquisa Conhecimento e Análise das Intervenções na Práxis Educativa Sociocomunitária (CAIPE).

ELIANE PSZCZOL, coordenadora nacional do Proler, da Fundação Biblioteca Nacional, é socióloga, com graduação na UFRJ e mestrado na Universidade de Cornell, Nova York. Entre 1997 e 2001, foi vice-delegada do MEC no Rio de Janeiro, período em que representou aquele ministério na

Comissão Consultiva do Proler. Foi professora do Departamento de Sociologia da PUC-RJ, da Fundação Getúlio Vargas e da Faculdade de Educação Jacobina. Anteriormente, na FBN, foi coordenadora do Setor de Divulgação Internacional, responsável pela divulgação da literatura brasileira no exterior. Foi diretora do Departamento de Artes da Funarte, responsável pela implantação das políticas nacionais para as áreas de música (erudita e popular) e artes visuais. Na UFRJ, chefiou o setor cultural do Fórum de Ciência e Cultura. Possui trabalhos publicados sobre o livro no Brasil, na revista da Cerlalc e no *Brazilian Book Magazine*, da Biblioteca Nacional. Outras publicações são relacionadas a temas da área de sociologia.

MIRIAN CLAVICO ALVES, nascida em Pacaembu, cidade do interior de São Paulo, mas criada em Campinas. Sempre gostou de ouvir e ler muitas histórias, o que fez com que, desde muito cedo, se dedicasse à literatura. Formada em Ciência da Informação com habilitação em Biblioteconomia e especialista em Gestão de Unidades de Informação. Atua como bibliotecária no Colégio Rio Branco – Campinas. Uma das funções que considera mais importantes na sua vida profissional são os trabalhos de ação cultural, voltados ao incentivo à leitura.

NORMA SANDRA DE ALMEIDA FERREIRA, licenciada em Letras, mestre e doutora em Educação pela Faculdade de Educação da Unicamp. Atuou durante 20 anos como professora de Língua Portuguesa em escolas da rede particular e estadual. Atualmente, é pesquisadora do grupo de pesquisa Alfabetização, Leitura e Escrita (ALLE) e professora do Departamento de Educação, Conhecimento, Linguagem e Arte, da Faculdade de Educação, Unicamp. Membro da diretoria da Associação de Leitura do Brasil – ALB (biênio 2007-2008) e editora responsável da revista *Leitura: Teoria & Prática* (ALB/Global Editora). Além de vários artigos em revistas especializadas e coletâneas, é autora de *Literatura infantil: arte ou pedagogia-moral?* (editora Cortez) e de *A pesquisa em leitura no Brasil*, 1980-1995 (editora Komedi); livros, catálogos, revistas e sites para o universo escolar (editora Mercado de Letras).

Outros títulos da coleção:

COLEÇÃO LEITURA E FORMAÇÃO

O jornal na vida do professor e no trabalho docente

Vários autores

Literatura e pedagogia: ponto & contraponto

Regina Zilberman e Ezequiel Theodoro da Silva

Leituras aventureiras: por um pouco de prazer (de leitura) aos professores

Ezequiel Theodoro da Silva

*Criticidade e leitura (ensaios)**

Ezequiel Theodoro da Silva

*Escritos sobre jornal e educação: olhares de longe e de perto**

Carmen Lozza

* Prelo

global EDITORA

ALB

PALAS ATHENA

Impresso nas oficinas da
Gráfica Palas Athena